夢と目標が明確になる

JN104593

学習テキスト

# 営業の基本が身につく教科書

自分の目標を、低く設定する必要はない。
また、自分の望み以下の物で、
満足しなければならない理由もない。
—— デールカーネギー

株式会社リフレ 著

ビジネス教育出版社

# はじめに

　「営業担当」としてキャリアをスタートさせる方やはじめて営業部に配属された方は、営業の仕事に戸惑いを感じるケースが多いです。

　その戸惑いの正体を簡単に考察してみます。

　特に新卒者にとっては、今までは筆記テストが評価基準でした。そこには明確な答えがあり、ライバルと同じ正解が書ければ点数がもらえます。一方営業は、明確な正解がありません。優秀な営業担当の多くが自分らしさを出して独自の営業スタイルを確立しています。優秀な先輩と同じ答えを書こうとしてもすぐに上手くはいきません。お客様によって反応や対応も変えなければいけませんし、扱う商品や時期によっても正解は異なります。

　また、ニーズのないお客様に対してどんなに頑張って営業しても売上には結び付きません。商品を必要としているお客様を見つけて、正しいアプローチを繰り返す必要があるのです。

　加えて、「早い者勝ち」というビジネスの鉄則も忘れてはいけません。テストは与えられた時間の中で、正確に回答することが求められますが、ビジネスの世界ではニーズのあるお客様に正しい提案を一番早く行った人だけが、数字を上げられます。

資産の多いお客様、業績のいい会社には、多くの金融機関の営業担当が訪れて提案を行うでしょう。彼らを出し抜くことも求められます。

　つまり今まで皆さんが頑張ってきた世界とは、まるで違います。これが戸惑いの正体ではないでしょうか。

　そしてその戸惑いを消すためには、「営業の基本」を知ることです。唯一の正解はなくとも、優秀な営業担当が誰もが身に付け実践している基本を知れば、あなたの営業は洗練されていくでしょう。

　私はメガバンク24年勤務の元銀行員です。私は支店渉外の時に、皆さんと同じように成果が出せず「ある大きな挫折」を経験しました。その挫折を転機に営業という仕事の本質を理解し、徹底的にトライアンドエラー、実践と改善を行うことで、その４年後に銀行内で１位の営業成績を収めることができました。

　その前後で私が変えたことは以下の３つのことだけでした。

① 仕事に向き合う姿勢を改める
② 営業で重要な「原理原則」を「論理的に理解」し、実践する
③ 必要な知識を不断に勉強する

　この３つの原則はとても抽象的です。そのため３章に分けて

なるべく具体的に分かりやすく皆様にお伝えします。

　社会に出ると「大切なこと」を論理的に順序立てて教えてくれる人は少なくなってしまいます。

　親切な先輩も「やり方」は教えてくれても、本当に大切な「あり方」は伝え忘れているのではないでしょうか。「やり方」が正しくとも、「あり方」が間違っていると成果には結び付きません。

　皆さんの仕事は、極めれば極めるほど、お客様の本質的な問題解決に係る大変重要な仕事です。かつそれが「大きな成果」につながり、「自己充足」や「他者からの感謝や評価」として自分に返ってきます。

　そういった有意義なものであるからこそ、熱意を持って取り組んでほしいです。

　営業には年次は関係ありません。あり方や原理原則をきちんと理解した上で、実践と改善を続けていけば、必ず思った以上の成果が出ます。

　本書が「大切なこと」を理解し、高い志をもって、常に自身を高め、発展し続ける姿勢を身に着けるための「教科書」になれば、これに勝る幸せはありません。

株式会社　リフレ

営業の基本が身につく教科書　目次

## 第3章　営業先で困ったときのQ＆A

## 第4章　プロフェッショナルが未来と今を語る

# 第 1 章

## 意義ある仕事にするのは自分自身

# 入行５年目までに築いた人脈と経験が
# 今後10年を支える

　どんな仕事に興味をもって、金融機関に入りましたか？　社長と直接会って話せるという稀有なポジションでしょうか。起業家・創業者に寄り添って一から市場を開拓するお手伝いをしたいという声も聞こえてきます。金融機関が取引先同士をマッチングさせて業績を劇的に改善させた事例などを見ると、自分もやりたい！と思うことでしょう。

　と同時に、「今の仕事はやりたい仕事ではない」と感じている人もいるかもしれません。自分の力はもっと別の分野で発揮されるべきだと。そこで第四章では、金融機関では現在第一線で活躍する実務家の方のインタビュー記事をまとめました。詳しくはそちらに譲りますが、皆さんそれぞれ口を揃えて教えてくれたのは、「入行から５年目までに、多くの経験を積むこと。がむしゃらに頑張ることで、本当に自分が得意なことが見つかる」ということです。人脈は外だけではありません。悩みを共有し一緒に考えてくれる同期や先輩、適切なアドバイスをくれる上司など内にも存在します。

　彼らは入行から５年程度をめどに、「営業の基礎」を身に付

けています。だからこそ、経験のない部署に行っても仕事の急所を見極めて、優先順位をつけてスマートに仕事をしています。

皆さんも多くの経験を積んで、いい人脈を身に付けるための準備期間と位置付けてがむしゃらに頑張ってもらいたいです。

## 「自分」から離れて、「相手」について真剣に考えると「進歩」する

新入行員から優秀な営業マンとしてステップアップするためには大きな意識改革が２回必要です。１つめのそれは、「相手について考えると成果が出る」という気付きです。

入行したての皆様は、預金や為替、融資の言葉の意味すら理解できず、言われたことを半分もできたら上出来なのではないでしょうか。

特に営業に苦手意識を持っている方は次のような経験があるはずです。

会社は「新人基盤項目キャンペーン」と銘打ち、毎週各人達成率が棒グラフで朝礼発表したりします。学生の頃に自身で設定した「目標」とは違う重圧を感じることでしょう。

「こんな目標まだ出来なくて当たり前だ！もういいや」と思っていても、同期はドンドン数字を伸ばしている一方、自分の実績はピタリと止まって動きません。

先輩たちからは発破を掛けられ、所属課の名誉にもかかわるとプレッシャーも加わり、無視するわけにもいかない。営業に苦手意識が芽生え、逃げ場のない辛さを押し殺すので精一杯でとても目標や成果どころではない。それでも時間をかけて数をこなせばそれなりに数字が付いてくるので、効率は悪いものの簡単に釣れる魚だけを探して右往左往する。

最初に躓きがちな一事例と言えるでしょう。この問題は何かというと、自分しか見えていないということです。自分の都合だけを相手に押し付けて、相手の都合を全く考慮していない状態です。自分がどうしたいかではなく、相手が何を求めているかを考える心の余裕が進歩に繋がります。

意識がお客様に向かっているか？と自分の心に聞いてみてください。

## 駕籠屋は消滅した。
## ではあなたの商品は？

時代劇では貴族やお金持ちの乗り物としてしばしば登場する駕籠。皆さんは利用したことありますか？　おそらくないでしょう。それはなぜか、もっと便利な移動手段（現代の駕籠といえばタクシーですね）に取って代わられてしまい、ニーズが消滅したためです。どんなに歴史がある商品であっても、どんな優秀な営業担当であっても時流にそぐわない商品・サービスは売れません。

何が言いたいかというと、つまり、あなたの**仕事は必要だからある**のです。必要のないものは、なくなっているはずです。

お客様にとって、あなたの商品やサービスは必要です。そう思えると、気が楽になりませんか？

　お客様にとって必要な商品を扱っていると実感すると、内面が変わります。商品に自信が持てると外面も変わります。お客様に断れたときも、「数字が上がらなくて残念」ではなく、「この商品の必要性を理解してもらえずに残念」と意識の方向が変わります。そうすると徐々にお客様も上手く仕切れるようになり、実績も伴なうようになります。同時に仕事も楽しくなっていき、目標もいつの間にか達成していることでしょう。

# コミュニケーション営業から
# コンサルティング営業に

　優秀な営業担当としてステップアップするために必要な意識改革の2回目が、コンサルティング営業をするという意識を持つタイミングです。

　言い換えると

　「コミュニケーション営業」から「コンサルティング営業」へランクアップした時です。

　コミュニケーション営業とは、お客様と親しくなって、売りたい商品・サービスを「お願いしてセールスする」という営業のことです。実はこれはこれですごく大事なことです。

　私が入行して実績を上げることができたのは、実は「コミュニケーション営業」ができるようになったからです。コミュニケーション営業は、お客様と顔を何度も合わせて、良い印象を持ってもらうのが大切です。若い皆さんなら、明るい、爽やか、清潔感がある、元気がいい、面白い、一生懸命、誠実、約束は守る、フットワークがいい、といった印象を持ってもらえるよう行動しましょう。

　その他には、丁寧な言葉遣い、アイコンタクト、傾聴、共感などにより、信頼関係を構築します。営業に苦手意識がある方は、この第一印象の段階で、損をしているかもしれません。

第一印象で100人中90人に受け入れられる方と、100人中10人にしか受け入れられない方とでは、その後の労力に大きな差が出ます。第二章で詳細を説明しますが、良い印象を与えられているかと自分に問うてみることは大切です。

　一方、皆さんがコミュニケーション営業を習得し、そのあとステップアップして目指すのがコンサルティング営業です。コンサルティング営業とは、お客様の置かれている状況や経緯などを理解した上で、課題や問題解決を図る「ソリューション」を提供する営業です。

　人によって違いはありますが、はじめて営業担当になった時は、業界基礎知識・商品知識や資格取得の知識を一定期間で身に着け、法個人渉外や窓口などに配属され、初めて目標を持ちます。見よう、見まねでセールスを行い、試行錯誤を繰り返します。そこにある意識は「自分の目標のために」が中心です。それでも、言葉遣いや服装、表情、所作、受け答え等、学生の時には実践したことのない「配慮」が求められます。そうした様々な知識やスキルの合計点が、目標の達否などの数字で明確に現れます。その結果によって、反省し、努力を重ね、成長していきます。

　ただ、「自分の目標のため」という意識だけでは、いずれ限界が訪れます。年次が上がるにつれ、お客様の水準も、目標の

水準も上がっていくからです。

　大規模な法人や個人富裕層と言われる顧客層への対応が必要となり、専用の知識や考え方が求められるようになると上辺だけの営業スキルは、通用しません。

　この層のお客様は、本質的な課題に踏み込める、真の実力を求めています。お願いするスタイルの営業では、軽く見られてしまい、顧客の本質、コアと言える課題などは、なかなか引き出すことができません。

　若い営業マンの悩みとしてよく出る話に「医者の先生って何を話していいか分からない」といったことがあります。お金を持っている、取引を大いに推進したいお客様ということは理解できるのですが、一体具体的にどんな話題を持ち出せばいいのかが分からない、という状況です。

　実はここで必要になるのが、「相手を深く知る」ことです。

　顧客の望むものを提供するなら、絶対に欠かせないプロセスです。

　経緯や現状を把握した上で、顧客が次に今後何を求めているのかを想定し、その意向を確認しなければなりません。それができて初めて、具体的な提案を行い、顧客のコアな課題を解決するソリューションを提供できるのです。


　どんなお客様も「人格・姿勢・実力ともに優れている担当者」に対しては心を開き色々な相談をしてくれます。そのため

に優れている担当者は、人柄を常に磨き、顧客に関する知識や商品知識、世の中の流れなど不断に研鑽を積んでいます。

「自分が興味あること」から「他人が興味あること」へ焦点を移して考え、その深度を深めていく。それによって、お客様が本当に必要なものを提供できるようになります。それが結果として、成果や感謝、評価、自己充足として自分に返ってきます。

「お客様のためにという意識は、最終的には自身に返ってくる」
この原理原則をぜひ、覚えてください。

私がもし現役の営業担当者だとしたら、どうしても取引したい顧客に対しては、徹底的に相手のことを調べます。その上で、どんなことを欲しているかを「想像」し、ヒアリングし、ニーズや課題を見つけて提案します。だからこそ、痒い所に手が届く営業担当として、様々な相談が舞い込むのです。

# 今からできる8つの変化

　コミュニケーション営業やコンサルティング営業など難しい話をしてしまいましたが、今営業で悩んでいるなら、次の8つの心持ちを変化させてみましょう。

---

1　できないが当たり前

2　指導する側になって考えてみる

3　一歩一歩前に進む

4　「何がしたいか」ではなく「何が求められているか」

5　お客様の要求の「なぜ」を考える

6　役割を認識する

7　仕事の意味を確認しよう

8　ありがとうがエネルギーになる

---

## 1．できないが当たり前

　できないことがあって、周囲の人に指摘されたり、指導されたりすることは、入社直後には特に沢山あります。身だしなみ、服装、挨拶、言葉遣い、マナー、気配り、電話応対、社会人としての常識、所作、業界知識、コミュニケーション、仕事への姿勢、報連相等々、数えればきりがありません。

そこへプラスして、よく見られたい、評価されたい、同期より優秀だと思われたい、といった競争心や承認欲求も絡み、大きなストレスがかかり疲れます。

　入社直後は社会人人生のなかで、最も心に荷がかかります。

　ですから、大切なことは「ネガティブ」に考えないことです。

　「自分はほかの人と比べてダメなんだ」と自虐的になってしまうと力が伸びなくなってしまいます。

　指導は、学生から社会人として「正しくなる」プロセスなのですから、されて当たり前です。指導する人のタイプによって、厳しく指導される場合もありますし、優しく諭してくれる場合もあるでしょう。指導が上手な人もいれば、下手な人もいます。

　人を指導する立場の人間として「正しい振る舞い」が身に付いてない人もいるかもしれません。あなたが新入社員として仕事ができないのが当たり前であるのと同様に、先輩社員も指導経験ゼロであれば、正しい振る舞いはできないかもしれません。自分だけを棚に上げずに、先輩や上司に対しても同じように考えると心が楽になるでしょう。

## 2．指導する側になって考える

指導を受ける皆さんに必要な目線は、指導する側がどう感じるかです。先輩や上司と上手に人間関係を構築していくのも若手にとっては非常に大切な業務です。そして指導者と円滑な関係を築くためには、ひとつひとつ「習得」できたことを示すことを心掛けましょう。

自分に足らない部分があり、指導してもらった。その結果、自分は良くなったと伝えてあげましょう。前述の通り、指導者にとってもあなたへの教育は慣れないことかもしれません。あなたの言葉を理解しましたよ！と伝えてあげることで、良好な関係が築けます。

理解を伝えるのは「分かりました」と返事することだけではなく、発展的な質問をしたり業務の中で矛盾を感じたら相談することも含まれます。指導者の教えを理解しようとする姿勢は周囲の人にも確実に伝わります。もちろん周囲の人はお客様も含まれます。先輩や上司に対して誠意ある対応をしていれば、その人柄が営業成績にも好影響を与えます。

## 3．一歩一歩前に進む

　24年間の銀行員生活を振り返ってみると、成長の前に大小様々な失敗や挫折があって、それを乗り越えることで少しずつ成長してきました。

　若い時には若い時の課題があって、異動するたびに課題が新たに生まれ、中堅の頃には相応の、役職者になった時にはまた相応の課題が現れます。

　入社2、3年目の時に、いきなり役職者のような課題は現れません。その年次に応じた相応の課題が現れます。

　つまりあなたのお悩み解決に役立つのは、先輩や上司の経験です。

　どう対応すればいいのか分からない例外的なお客様対応が発生してしまって、パニックになることはありませんか？

　自分ではどうしようもなく、他人に頼りたい気持ちに苛まれることもあるでしょう。その時、ただ助けを求めてしまっては「面倒を押し付けてきた後輩」というレッテルを貼られてしまいます。

　そこで重要なのは、「選択肢力」です。具体的には、自身にはどんな選択肢があるのかを整理して、どれを選ぶべきかを相談するのです。

　「絶対に融資してもらわないと困る！」と大声で威圧してくる。

「儲かると言われて買ったのに損をした！どうしてくれるんだ！」と怒っている。

こうしたお客様に対して、どう対応すれば分からないと仮定しましょう。

「変なお客さんがいて、どうすればいいのか分かりません」と困惑しているだけでは、課題を解決しようとしている姿勢がないと捉えられても仕方ありません。不十分でも構わないので、自身で選択肢を作りましょう。

「上司と相談するので、一度帰ってもらうように促す」
「これ以上騒ぐと、営業妨害で警察にいうと伝える」
「機械のように、融資はできないor投資商品で損してもお客様の責任であると繰り返す」

選択肢は上記３つだと思いますが、どうすればいいでしょうか？

もし、あなたが考えた選択肢の中に正解がなければ一緒に考えてくれるかもしれません。「警察に言っちゃえば？」と気の抜けた返事をする人には、以降相談する価値はないと分かります。相談する価値がない人を見極めるのも一歩進んだと言えるでしょう。

そして言語化するうちに、自身の頭が整理されて対応策を思い付くこともよくあります。

　もっと抽象的な問題に対しても、具体的な選択肢を作る作業は有効です。営業が上手くいかない。という悩みがあったとします。
　ではその解決策を選択肢ベースで考えてみましょう。

　営業成績をよくするためには、

① 新規のお客様と合う機会を重視するべき？
② 既存のお客様との関係を強固にするべき？

① 多数のお客様から細かく数字を積み上げるべき？
② 少数のお客様から大きな数字を積み上げるべき？

① 自分がもっと積極的に話すべき？
② お客様の話をもっと聞くべき？

　こうして、様々な選択肢を用意して相談してみたり、自分の営業活動の中で試してみたりすると一歩ずつ前に進めます。そしてこの選択肢は、経験によって徐々に具体的に変化していきます。

例えば、50代男性で会社経営者に相続の提案をする場合は、税の話から展開するべき？　それとも家族やプライベートの話から展開するべき？　などです。

## ４．「何がしたいか」ではなく「何が求められているか」

営業先・訪問先を決める際、自分の目標から逆算して決めることは悪いことではありません。「今月あと個人年金保険の契約が３件ほしい」「800万円の融資案件を見つけたい」など自身の目標は、営業を考える出発点になります。個人年金保険なら、もうすぐ定期預金の満期を迎えるＡさんに提案してみよう。800万円となると、つなぎ融資ではなく設備融資の規模だからＢ社に行ってみよう。という具合です。

訪問先に電話をして上手くアポイントを取れたとしたら、今度は「絶対に個人年金保険」を提案するんだ！という姿勢ではなく、お客様が何を求めている可能性があるかを検討します。定期預金の満期が近いということは、大きな出費があるのかもしれない。車を買うのか、それとも壁や屋根の塗り替え工事の時期かもしれません。もしそうなら、金融商品の提案は避ける必要がありそうです。

法人でも同様で、「融資を提案してもしダメなら、次の企業

に行かないと」という姿勢ではいけません。求人を出しているのはなぜだろう。拡大したいが人手不足で手が回らないのかもしれない。事業承継を控えており大きな買い物は控えたいという意図があるかもしれない。などと事前に調べられることは調べ、ケース別に想定しておくことで質問力が飛躍的にアップして、お客様本位のコミュニケーションを図れます。

　目標が営業の出発点になるのはいいのですが、当然目標とは関係のないニーズが発掘されることも多々あります。自分の目標とお客様のニーズが違うことは当たり前です。

　自分の目標に関係ないから、その話はしないという姿勢ではお客様から信頼も得られませんし、あなたの営業実績という観点からも非効率です。お客様のニーズを大切にしましょう。もちろん普段の挨拶回りやポスター配り等も、どこに、どのようなニーズやビジネスチャンスがあり、いつ発生するのかを、事前に把握するための営業です。

　お客様と面談する機会が増え、沢山の情報を入手すると、多くのビジネスチャンスに繋がります。それらの情報を基に、お客様があなたを必要とする時期が分かるようになってくると極めて無駄のない営業活動が展開できるようになります。

　お客様に対して「何がしたいか」ということで営業活動を始

めたとしても、最終的にはお客様から「何を求められているか」と考えることが大切です。

## 5．お客様の要求の「なぜ」を考える

　私の経験談ですが、ある不動産会社を創業した会長の後任担当として引き継いだばかりの頃、会長が店頭に来店しました。会長は愛媛出身だったのですが、母と同郷であったためすぐに打ち解けられました。会長が愛媛から上京し、どのような仕事を経て現在に至ったのかを、ご家族のことも含めて色々な話を聞いたあとの話です。

　「実はこれを預けたい」と言い持参した紙袋を見てみると、中には色んな袋に入った現金が約2000万円ありました。同居家族に内緒で手元に置いておいた現金を集めてきたようです。
　そして会長は娘の名前で預金したいと切り出しました。
　それでは「借名預金」に該当するので、受け付けることができません。
　そう答え納得いただければ済む話でしたが、まず理由を聞いてみると次のような事情が浮かび上がってきました。

・結婚していた娘さんが離婚し子供と一緒に家を出た
・他の子供たちと違って、会社の経営にも携わっておらず、

収入が少なく不憫だ

・孫と娘の将来が心配だ

・いまのうちに娘の生活が楽になるように手当てしたい


　理由を聞くことで、ご要望にお応えできる方法があることがすぐに分かりました。定額年金保険という商品です。


　定額の名の通り、何年でいくらになるということが確定している保険商品です。中途解約をしても３年超預ければ、元本は割りません。

　そこで会長を被保険者、お嬢様を受取人としておけば、万一の時にはお嬢様がお金を受け取れます。

　大事なお金なので大きく減る可能性のある、商品性も複雑な変額年金保険は向いていないことも説明し、即決で成約いただきました。

　このように、お客様は家族構成やご家族一人一人の事情によって、金融商品の利用方法は異なります。そういった、お客様自身の決断を決定づける重要な価値観（これをホットボタンといいます）を理解していると、よりお客様に寄り添った、意向に沿った、商品・サービスや提案などが可能になります。

　お客様が「なぜそうしたいのか」という根拠、理由に関心をもち、確認するように努めてください。お客様の目的が分かれば手段を提案できるかもしれません。

この事例では「将来確実に娘の手に渡る資金を用意したい」という目的が娘名義の預金という言葉に代わって出てきました。お客様の言葉の裏側になる真の目的を読み取る姿勢を大切にしてください。マネーローンダリングやその他コンプライアンス意識を高める上でも、顧客の話をよく聞いて、どんな目的があるのかを意識することは大切です。

## 6．役割を認識する

若手行員の役割として期待されていることは、大きくふたつです。

---

① お客様と良好な関係を築くこと。
② 組織内での基本知識・基本動作を正しく習得することです。

---

前述で紹介したコミュニケーション営業に必要なスキルと言い換えることもできます。それぞれについて少しだけ詳しく見ていきましょう。

### （1）お客様と良好な関係を築くこと

皆さんの大きな役割のひとつは、感じが良い真面目な担当者

として良好な関係を築くもしくは継続していくことです。金融機関はその性質上、新規開拓をガツガツ進めていくというよりも既存の取引先や顧客を回るいわゆるルートセールスが中心です。お客様には前の担当者の方が良かったと思われないような立ち振る舞いが必要です。

　お客様から見て、親しみやすい、話しやすい、ということは極めて重要な要素です。特に個人のお客様にとっては、金融機関は敷居の高い存在であることは間違いありません。

　だからこそお客様から「あの人感じよかったなあ」「話やすかったなあ」「あの人なら丁寧に分かりやすく教えてくれそうだなあ」「ちょっとあの人に聞いてみよう」という存在になろうとしてみましょう。

## （2）基本知識・基本動作を正しく習得すること

担当業務によって、必要となる具体的な知識や動作は異なりますが、次に挙げるようなことを正しく習得しましょう。

---

基本知識

① 業界知識

② 相場（株・外国為替・金利・不動産等）

③ 資格（保険・証券・ＦＰ初級知識等）

④ 商品やサービス（預金・為替・各種運用商品・貸出等）

⑤ 事務知識等

⑥ ビジネスマナー

---

本書においては、紙面の関係上、ビジネスマナーを中心に紹介します。営業先が個人か法人か等に関わらず、営業担当として身に付けておくべき基本的な知識であるためです。

# 7．仕事の意味を確認しよう

皆さんは何のために仕事していますか？

全国転勤のある金融機関でお勤めのとある行員は、「旅行好きだから、旅系の社会人サークルに所属しています。水曜日のノー残業デーと土日は、サークルの人と遊んでます」と話して

くれました。福岡から東京に転勤になり、大学も関西方面だったので勤務先近辺で気の合うサークルを見つけたようです。

　また、北関東を中心に展開している地銀のある行員は、社会人になってから茶道を始めました。週に一回のペースでレッスンに行きます。そこで仲良くなった人と日本舞踊や歌舞伎を見に行ったりとお金に余裕のある社会人でしかできない遊びを覚え、充実したプライベートを送っています。

　皆さんはいかがですか。

　プライベートの充実は仕事の成果と大きく関係しています。

　仕事のストレスをアフター5や週末にリフレッシュできれば、新鮮な気持ちでより集中して仕事に向き合えるようになり、仕事へのモチベーションに繋がります。

　もちろん仕事以外での趣味や人間関係などが、仕事に役立つこともあります。いわゆる雑談力です。「友人に鳶職がいて、バッグの中にカンナが入ってて驚きました」そんな話を振ったら面談相手の建設会社の社長のバッグから釘が出てきて盛り上がったというエピソードもあります。

# 新規顧客獲得と既存顧客のフォロー

　仕事とプライベートという大きな枠組みで仕事を考えるのも大切ですが、仕事中に考えるべき仕事の意味についても考察していきましょう。私は大きく「新規顧客獲得」と「既存顧客のフォロー」に分けて考えると分かりやすいと考えています。

　営業と聞いて最初イメージするのは、新規顧客獲得です。ただし金融機関の利益構造を理解して、やるべきことをゼロベースで考えて行動することは経営者の仕事です。若手行員が担うのは、経営者が必要数を割り出し、各支店に振り分けられた「目標」の達成です。様々な批判があるのは承知していますが、新規顧客獲得をどうすれば実現するかを具現化し数字に落とし込んだものが毎期支店や営業所に振り分けられます。そういった目標を達成することで、会社が維持発展するための利益が創出されます。

　新規の仕事では率が求められます。効率や成約率ともう少し具体的な表現をしてもいいかもしれません。


　一方「率」ではくくれない仕事が既存顧客のフォローです。「感謝」や「質」が求められています。何もしなければ、去年と同様に継続してもらえると考えるのはあまいです。特に大きな問題がなくとも継続的なフォローによってお客様を引き留め

る努力が必要です。それを怠ると最悪の場合取引が解消になったり、他金融機関に取引を乗り換えられてしまったりします。

　既存顧客の場合、社内に様々な情報が蓄積されています。その情報を上手くまとめなおして分析し顧客に再提示し、次のセールスに繋げるのが「感謝」の営業です。日頃から付き合っているからこそできるフォローは何かを考えましょう。そしてその提案をする理由付けが、「感謝」に起因するという論理構成で提案を行います。

　マーケティングの世界では既存顧客は新規顧客を獲得する5分の1程度の労力やコストで同等の利益を生み出すと考えられています。これを1：5の法則や5：25の法則と呼んだりします。1：5の法則は、新規顧客に販売するコストは既存顧客に販売するコストの5倍かかるという法則で、5：25の法則は、顧客離れを5％改善すれば、利益が最低でも25％改善されるという法則です。

　新しい顧客ばかりを追い求めるのでは結局のところ「率」も失ってしまいます。

　そして新しい担当者に代わったタイミングで最も注意しなければならないのが、既存顧客の流出です。企業としても最も恐れるべき事案ですが、どのような原因で起こるのか考えてみましょう。

・取引が疎遠になる（面談・接点がほとんどなくなる）

・対応がまずく、お客様が不満をもつ

（遅刻する・約束を破る・対応が遅い・手間を取らせる（書
類不備など）・マナー違反・配慮欠く言動等）

・他社の方が魅力的なサービスや価格を提示している

　誠意をもって対応したものの、条件が折り合わず他金融機関
に流れるのは仕方ありません。他行の大幅な金利引き下げなど
には一営業担当ではどうにもなりません。ただ、担当者のフォ
ロー不足や関係構築に問題があり、お客様が不満を持ち他金融
に流れるのは、担当者に責任があります。

　前任者があまり接点を持っていなかったお客様もいると思い
ますが、そういったお客様も早く訪問し、場所だけでも一度見
ておいて直接接点が持てるように定期的にアプローチすること
が大切です。また、預金や運用額の大きい法個人顧客や貸出や
ローンがある顧客は最重要顧客になりますので、取引内容や取
引経緯を理解した上で、担当着任後早急に面談するようにしま
しょう。

　すべてのお客様を知り、良好な関係を築くことは、利益を減
らす要因を取り除くことにもつながることを理解しておいてく
ださい。

## 仕事に使うための知識を得る時間を見つけよう

　若手行員は、業界知識・業務知識・資格知識・商品サービス意識・ビジネスマナー・職場ルール等、覚えることが沢山あります。

　入行後しばらくは業務もサポート的な役割中心でしょうから、業務中に自己啓発する時間があるかもしれません。ただ、担当業務が明確になり、営業担当となってお客様を担当するようになると、徐々にそのような時間の確保は難しくなります。

　そこで大切なのはいかにインプットの時間を捻出するかです。

　最も活用すべきは社内の勉強会です。これらは業務と直結しているものが多く、業務中に参加できるため活用しない手はありません。特に証券外務員やＦＰ資格取得のためのセミナーはなるべく受講するとよいでしょう。というのも金融営業を行うために最低限必要な資格（扱う商品によって異なります）があります。もしその試験に受からなければ組織内では、業務に対する姿勢が問題視されかねません。

　ただし資格取得後からが本当に大切なインプットです。お客様へのアプローチや提案力を高めていくための知識やスキルの

学習は引き続き社内勉強会や外部の通信教育などを活用すると
よいでしょう。ＦＰ１級や中小企業診断士のような上位資格を
取得すると、お客様の状況を把握したり、ニーズや課題を引き
出すための質問の幅が広がりますし、お客様が納得しやすい
セールスを展開することが可能になります。

　法人営業の方は、各業界別の知識を拡充していくと取引深耕
の提案がしやすくなります。業界によっては商売の流れは大き
く異なります。自身のエリアに多い、または担当先に多い業種
などから優先的に学習すると良いでしょう。

　スポットで学習しなければならない知識もあります。法改正
や金融庁の方針の変化などでマニュアルが書き換わるほどのイ
ンパクトがあるケースもあります。

　日頃の学習を進める際、ぜひ意識してほしいポイントは長期
と短期の視点です。新商品や新規則・法律の学習は、短期に分
類されます。日々の学習を頑張っていても殻を破れない営業担
当は、この短期的な視点しかないことに原因があるかもしれま
せん。短期学習は「必要最低限の情報収集」と言い換えること
ができます。そのため目の前の業務や提案に関係のない知識を
長い期間をかけてゆっくり定着させていく長期の意識を持つこ
とが、優秀な営業担当になるためのコツと言えます。

　富裕層個人や大企業法人にも対応できる基礎は、情報収集の

枠を超えた学習を続けることで身に付きます。興味が持てる分野を探しましょう。経営学・経済学・心理学等は金融機関の仕事に直結しそうな学習課題です。ただ、文学や美術といった一見直接関係しない分野であっても、じっくり学習するなら効果的です。どんな分野であっても継続的に学習することで、視野が広さや物事の考え方が身に付きます。

入行後しばらくは強制的に集中的に学ぶものが中心となってしまいますが、その後は長期的な分野の比重が大きくなってくるでしょう。慣れてくれば短期的に学ぶ分野は一目見ただけですんなりと頭に入っていくようになります。業務知識や社会状況などをより深く理解できていれば、多くのニュースが想定の範囲内に収まるためです。

最初のインプットが大変なのは当たり前ですが時の経過とともに身に付くものが増えていくのですから、負荷は減ります。その時、興味をもって学習を続けている人がいい営業担当になっているというのが個人的な印象です。

# 8．ありがとうがエネルギーになる

優秀な営業担当に話を聞いていると、口を揃えてお客様から元気をもらうと話してくれます。金融機関の営業担当は、優秀な人ほどお客様に感謝されています。そしてその感謝が、次の

仕事の原動力になっているようです。心理学の世界でも感謝と活動力について密接な関係があるという論文が数多く発表されています。

　お客様の本当のありがとうは、信頼関係から生まれます。動く自動販売機では感謝されません。
　お客様に課題や悩みを打ち明けられて一緒に対応策を考えてくださいと求められている状態が、良好な信頼関係が構築できている状態といえます。
　友達の相談を親身になって聞いている時間と同じように、信頼してくれているお客様の話は前向きに、高次元の課題であっても取り組む意欲が次々に湧いてくるでしょう。いつもそのように役割を果たしていると次のフィールドが用意されます。お客様や職場で良好な信頼関係を築くことは、すべてのエネルギーに繋がることを実感してほしいと思います。

# 第 2 章

感じの良い担当者が
身に付けている
「現実的なマナー」

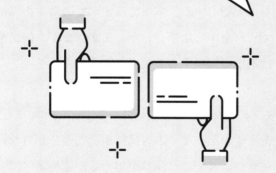

1章では、営業担当として次の6種類の知識が必要であると紹介しました。

---

基本知識

① 業界知識

② 相場（株・外国為替・金利・不動産等）

③ 資格（保険・証券・ＦＰ初級知識等）

④ 商品やサービス（預金・為替・各種運用商品・貸出等）

⑤ 事務知識等

⑥ ビジネスマナー

---

　そのどれもが大切ですが、本章ではすべての営業担当に必要なビジネスマナーを中心に紹介いたします。まず、前提条件としてマナーは過度に意識する必要はありません。

　「サッカー日本代表が注目を集めている」という文章を見て、違和感を覚えますか？　多くの方は何が問題か分からないのではないでしょうか。答えは、注目を集めるが重複語（例：馬から落馬する）なので正しくは、「注目されています」とすべきです。ただし、テレビや雑誌でもしばしば「注目を集める」という表現は使われており、一般的な用例といっても過言ではありません。

こうした考え方はマナーを考える際も大切です。つまり、マナー講師しか知らないマナーに気を取られる必要はないということです。マナーは相手を思いやる心とちょっとした原則を覚えてしまえば、様々なシーンに応用が利きます。そこで本章では、若手行員として身に付けておきたい最低限のマナーを紹介します。

ただしこの話も残念ながら「若手行員」に限った話です。金融機関のお客様の中にはマナーに厳しい方もいます。年次が上がれば上がるほど富裕層を含めた厳しい目をもつお客様とも面談する機会が増えます。

もちろん新規に企業を訪問した場合は、急に社長、会長などと面談する可能性があります。本来なら、いつどんな方が出てきても大丈夫という備えがあると安心です。

# 1. マナーの基本

## ・身だしなみをチェックする

　営業担当の身だしなみとはお客様に不快感を与えないようにするためのです。そしてあなたの身だしなみの良し悪しを判断するのは、あなたではなくお客様です。第一印象が悪いとその印象がいつまでも残ってしまい、自分や会社にとってもマイナスとなります。

　目指すべきは、清潔感のある、きちんとした印象を与える身だしなみです。

　次ページに、チェック項目を列挙します。金融機関職員として、お客様の自宅やオフィスへお伺いする、またお客様を自店でお迎えするという考え方を忘れないようにしましょう。直接お客様と接していなくても、会社の一員として常に見られています。

## ・挨拶は自分からする

　気持ちの良い挨拶も、第一印象を大きく左右する要素です。

　挨拶はあらゆるコミュニケーションのスタートです。朝の挨拶で1日がスタートし、帰りの挨拶で業務が終了します。明るい、爽やかな挨拶は、職場の雰囲気を活性化しますし、若い皆

さんに期待されていることでもあります。職場の方にも、お客様にも、気持ちよい、清々しいと思って頂ける挨拶を自分から率先して行いましょう。

　仮に一人でお客様の自宅や会社を訪問した時にも、お客様自身や代表者の方が不在でも、

　「感じの良い、元気ある担当の方が今日来ましたよ」と人づてに伝わります。

---

**挨拶のポイント**

・いつでも、だれにでも、自分から

・笑顔で、明るく、元気よく、爽やかに

・相手と目線を合わせて

---

NG

・小さな声で、聞こえない

・語尾が聞こえない

・伏し目がちで、相手の目を見ない

---

## ・姿勢が良ければ印象もよくなる

　素晴らしい挨拶をしても姿勢が悪いとお客様の印象も徐々に悪くなってしまいます。プライベートでも姿勢が良ければ友人や異性からの印象もよくなりますので、次の姿勢を意識してみましょう。

# ＜男性＞

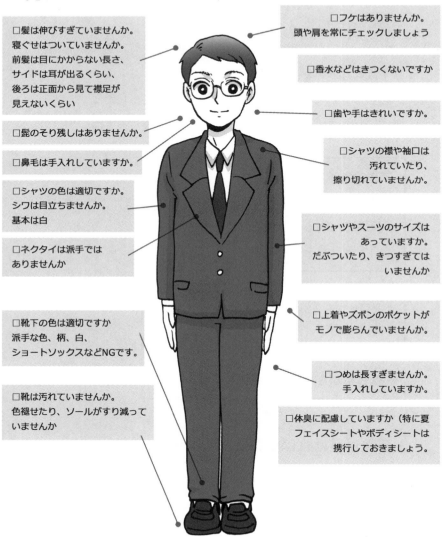

□髪は伸びすぎていませんか。
寝ぐせはついていませんか。
前髪は目にかからない長さ、
サイドは耳が出るくらい、
後ろは正面から見て襟足が
見えないくらい

□フケはありませんか。
頭や肩を常にチェックしましょう

□香水などはきつくないですか

□髭のそり残しはありませんか。

□歯や手はきれいですか。

□鼻毛は手入れしていますか。

□シャツの襟や袖口は
汚れていたり、
擦り切れていませんか。

□シャツの色は適切ですか。
シワは目立ちませんか。
基本は白

□シャツやスーツのサイズは
あっていますか。
だぶついたり、きつすぎては
いませんか

□ネクタイは派手では
ありませんか

□上着やズボンのポケットが
モノで膨らんでいませんか。

□靴下の色は適切ですか
派手な色、柄、白、
ショートソックスなどNGです。

□つめは長すぎませんか。
手入れしていますか。

□靴は汚れていませんか。
色褪せたり、ソールがすり減って
いませんか

□体臭に配慮していますか（特に夏
フェイスシートやボディシートは
携行しておきましょう。

# ＜女性＞

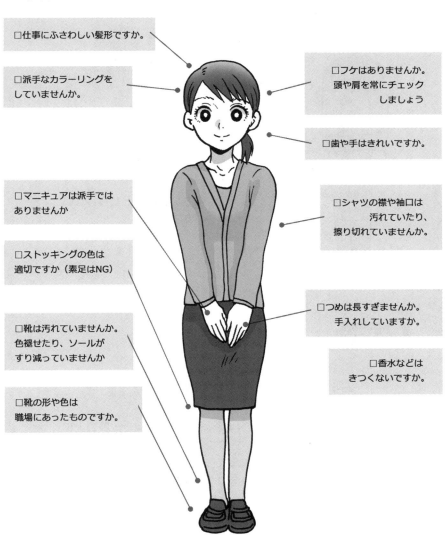

□仕事にふさわしい髪形ですか。

□派手なカラーリングを
していませんか。

□フケはありませんか。
頭や肩を常にチェック
しましょう

□歯や手はきれいですか。

□マニキュアは派手では
ありませんか

□ストッキングの色は
適切ですか（素足はNG）

□シャツの襟や袖口は
汚れていたり、
擦り切れていませんか。

□靴は汚れていませんか。
色褪せたり、ソールが
すり減っていませんか

□つめは長すぎませんか。
手入れしていますか。

□靴の形や色は
職場にあったものですか。

□香水などは
きつくないですか。

## 立つ姿勢

### 姿勢の良い男性（立ち姿）

□ 背中を丸めず・胸を張って・目線をまっすぐ前方へ

□ 首や身体が斜めになっていたり、かかとが離れたり、体重が左右均等でない

□ 上下や左右に揺れるとだらしない印象を与える

## 座る姿勢

### 姿勢の良い男性（座り姿）

□ 肩幅くらいに足を開き・膝の上に握りこぶしを軽く置く・背筋を伸ばして

□ 目線を上げ、背もたれによりかからない

□ 首や身体が斜めになっていたり、猫背になっていると、だらしない印象を与える

## 姿勢の良い女性（座り姿）

□ひざをそろえ、あしをそろえ、足
　先を直角より少し前に出す・背筋
　を伸ばして
□背もたれによりかからない

### 歩く姿勢

□肩の力を抜き・軽く腕を振り・つま先は進行方向へ
□目線を上げてテキパキと歩き、足を引きずらない

　すべての姿勢で共通するポイントは、目線を上げることで
す。目線が高いと、相手と目が合います。相手と一定頻度で目
を合わせることで、自信に満ちた印象を与えられ、信頼関係が
築きやすくなります。

## ・難しい敬語は必要ない

　日本語の敬語文法は非常に難解です。謙譲語や尊敬語の一覧表を覚えようとするだけで、日が暮れてしまいます。そこで若手行員が気を付けるべきは、お客様に不快感を与えない敬語を使うことです。最初はあまり、むずかしく考えずに「ですます」を使った丁寧な言葉使いを心掛けましょう

　「おはようございます。今日は暑いですね」
　「ご来店ありがとうございます」
　「本日はお振込みでご来店いただいたのですね」
　「私が持ちます」

　まずは丁寧な「ですます」調（丁寧語）で話すことから始めてください。
　根底には、どのような世代や価値観の方も敬い、不快感を与えない丁寧な言葉で接するという考えをもつことです。

その上で使いこなすとかっこいい基本的な「尊敬語」と「謙譲語」を紹介します。主語がお客様のときは、尊敬語。主語が自社の人間に対しては謙譲語を使うと覚えましょう。

代表的なものを下記に記載しておきます。

| 丁寧語 | 尊敬語 | 謙譲語 |
|---|---|---|
| 言います | おっしゃる | 申し上げる |
| もらいます | お受け取りになる | いただく・ちょうだいする |
| 見ます | ご覧になる・見られる | 拝見する |
| 行きます | いらっしゃる・おいでになる | 参る・伺う |
| 聞きます | お聞きになる・聞かれる | 伺う・お聞きする |
| 来ます | いらっしゃる・おいでになる / 行かれる | 参る・伺う |
| します | なさる | いたす |
| います | いらっしゃる | おる・おります |
| 食べます | 召し上がる・食べられる | いただく・ちょうだいする |

「上司がこの書類をご覧になられてから、再度お持ちします」と間違った使い方をするぐらいなら、「上司に見せてから、再度お持ちします」と伝えたほうがよいでしょう。

呼びかけの一覧も上げておきます。相手側と自分側で言葉が違います。

| 自分側 | 相手側 |
|---|---|
| わたくし・当方 | あなた様・そちら様 |
| あの者 | あの方・あちらの方 |
| 誰 | どなた様・どちら様 |
| 父 | お父様・お父上 |
| 母 | お母様・お母上 |
| 主人・夫 | だんな様・ご主人様 |
| 家内・妻 | 奥様 |
| 息子 | ご子息 |
| 娘 | お嬢様 |
| 私見 | ご意向 |

年上なら「○○様」年下なら「○○さん」と使うと悪い印象は与えません。例えば、お父様、息子さんという使い方です。上手な日本語を使うことが大切なのではなく、丁寧に話しているということが伝わることは大切です。

次に紹介するのは、お客様にお願いする前に使うと便利な「クッション言葉」です。

ストレートに伝えるよりも、クッション言葉を利用するのとでは印象ががらりと変わります。

例 ここにサインしてください。

　恐れ入りますが、ここにサインしてくださいませんか。


・誠に申し訳ありませんが

・お手数（ご面倒）をお掛けいたしますが

・恐れ入りますが

・誠に（大変）恐縮ですが

・差し支えなければ

・失礼いたしますが

・できましたら

・（もし）よろしければ

・大変（甚だ）申し上げにくいのですが


　実践を通して、口に馴染む言葉を探し、ケース別で使い分けてをしていきましょう。先輩や上司が使う言葉を真似たり覚えたりして語彙を増やしてください。

## ・遅刻は厳禁。遅刻したらすぐ報告する。

　お客様の信用を一気に失うことのひとつに「遅刻」があります。

　ビジネスでは時間を守ることは、基本です。

　ひょっとしたらお客様は、あなたとの約束の時間に間に合わせるために、前の予定を切り上げているかもしれません。忙しい中やりくりしてその時間を確保してくれたのかもしれません。他の約束をずらして時間を確保してくれた可能性もあります。また、時間通りにこないために何かあったのでは、と心配されているかもしれません。なにより、時間を守らないということは尊重されていない、大切に扱ってもらっていない、軽く扱われている、と感じます。

　そのため、もし遅刻をしそうになったら、必ず事前にそのお客様に遅れる旨の連絡を入れてください。あってはならないことですが、公共交通機関の遅れや前のお客様のアポイントが長引いてしまった等、事情があって遅れてしまうケースもあるでしょう。そのため遅刻かもしれないと思ったときは、事前に連絡をしましょう。遅れることが分かっている場合は、お客様はその時間を他のことに割くことができますし、お急ぎの方であれば、再度お約束を設定しなおすこともできます。

## ・訪問前に準備するのもエチケット

訪問前にお客様はどのような属性で、どんな取引があるのか
を把握してしてきましょう。自分の担当先の中で、大口取引先
などの重要なお取引先・融資やローンのある先については特に
注意が必要です。そういったお客様は一般のお客様と違って、
金融機関内で自社の情報が共有されていることが当たり前と考
えています。融資の額や経緯、ビジネスモデルと主要な商品程
度は頭に入れておきましょう。

大口の取引先であれば、貸出や預金だけでなくそのほかの
サービスも利用しているかもしれません。既に積み立てをして
いるお客様に対して、積み立てを提案して恥をかいたというエ
ピソードは、探せばいくらでも出てきます。そういった凡ミス
を犯さないためにも、訪問前にお客様について調べることは肝
要です。

プライドの高いお客様であれば、小さなミスで強い不快感を
覚えてしまい、担当者を変えてくれというクレームにも繋がる
ケースもあります。

準備をするコツは、次の日の訪問予定とそのための準備を前
日に終わらせておくことです。そうすれば、調べる時間をきち
んと確保できます。

準備は次を目安にしてください

## 1．個人

① **新規先** ………… 住宅地図を見て、経路や自宅の広さ、自宅周辺の所有不動産の確認
周辺施設等の確認（訪問当日は目で周辺を観察して面談に備える）

② **既存先** ………… 取引内容（運用や借入残高・内容）・家族取引・取引経緯記録や資産内容、他行取引等

③ **重要取引先** …… ②に加え、ヒアリングやセールスの目的に応じて、ローンファイルや取引先ファイルなどの詳細情報を見る

時間：①②は 5 － 10分・③は最大で15分

## 2．法人

① **新規先** ………… ホームページ・帝国データバンク資料等
住宅地図を見て、経路や会社のひろさ、会社周辺の所有不動産・施設、周辺施設等の確認
（訪問当日は目で会社周辺や受付、敷地内を観察して面談に備える）

② **既存先** ………… 取引内容（運用や借入残高・内容）・取引経緯記録や資産内容、他行取引等

③ 重要取引先 ……… ②に加え、ヒアリングやセールスの目
　　　　　　　　　　　的に応じて、取引先ファイルなどの詳
　　　　　　　　　　　細情報を見る

時間：①②は10分程度・③は最大で30分

　その他には、よく聞かれること（手数料等）やセールスに必
要な資料、取次に必要なものなどは忘れないように準備しま
しょう。

## ・部屋に通されてからのマナー

　企業などを訪問した場合には受付の方が部屋に案内して待つ
場合と、面談相手が自ら案内してくれる場合の2パターンがあ
ります。

　前者の場合は「こちらにお掛けになってお待ちください」と
言われてから、示された座席に着座し、面談相手を待ちます。

　上座は入口から遠い奥の席なので、席を指定されなければ、
入口側の下座に着席するとよいでしょう。

　上座に案内された場合は、素直に従い上座でもそのまま着
座して構いません。受付の方が部屋を出たからといって携帯
電話をいじりだすのはオススメしません。応接室にある書籍
や賞状などを観察していると話題のキッカケが見つかるかも

しれません。

　面談相手が入室した場合は、すぐ立ちあがり、ご挨拶と名刺交換を行います。その後、「おかけ下さい」と言われてから着座します。

　後者の場合も、挨拶名刺交換のあとおかけ下さいと促されてから座りましょう。もちろん前述の通り、姿勢に注意して目線を高く保つよう意識してください。


## ・名刺の渡し方・もらい方

　名刺は少なくとも数枚は常に多く持ち歩きましょう。急に別の担当者を紹介されるケースは多く、名刺を切らしてしまうと相手にも失礼ですし、恥をかいてしまいます。渡す名刺は新品同様のきれいなものでなくてはなりません。折れたり汚れたりした名刺は捨てて、きれいな名刺を持ち歩くようにしましょう。

<渡すときの注意点>

- ●起立して行う
- ●相手の目を見る
- ●会社名とフルネームを名乗る
- ●相手に読める状態にして渡す
- ●両手で渡す
- ●胸より高い位置に保つ

<もらうときの注意点>

- ●両手が原則
- ●受け渡し同時の場合は、名刺を出しながら名刺入れの上で相手の名刺を受け取る

<名刺交換のきまり>

- ●訪問者から先に渡す
- ●複数名訪問の場合は、役職の上の者から渡す
- ●自分の立場が低い場合は、先に渡す

相手

○○株式会社
山田太郎

自分

## ・最低限知っておきたい　上座と下座

　お客様や目上の方と一緒にいるときは、上座と下座に注意しなければなりません。上座とは、日本の室内マナーにおいて、身分の高い人がいる場所を表します。入口や出口から最も遠い場所で、内線電話やエレベーターのボタンなど、仕事が発生する道具からも遠い場所と覚えておけば応用が利きます。奇数人で座る場合は、真ん中エリアが上座になります。

　次の事例をみて上座と下座のイメージを覚えましょう。

### ① 応接室（1）

　原則は入口より遠い方が上座になります

**【中央にテーブル、４人の独立椅子の場合】**

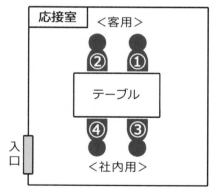

出入口から一番近い席が上座、
入口に近い席が下座

② 応接室（2）

**【中央にテーブル、独立椅子2席と長椅子の場合】**

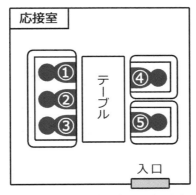

長椅子の出入り口から遠い席から順に上座となる。
基本的に長椅子はお客様側、肘掛け椅子は自社側

③ タクシー

**【タクシーの場合】**

タクシーでは、運転手の後ろの後部座席が上座、その次は降車側、
後部の真ん中と続く。
助手席には最も下位の人が座り、支払いをする。
上司が運転する車の場合は、助手席が上座となり、下座の人は後
部座席に①②③の順で座る。

## ④ エレベーター

【エレベーターの場合】

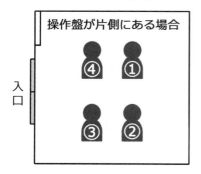

入口から見て右奥が上座、下座は操作盤の前。
乗る時は案内人が「お先に失礼します」と先に乗る。操作盤の前で「開」ボタンを押して、
片手でドアを押さえてお客様に乗っていただく。
降りる時は、「開」ボタンを押しながら片手でドアを押さえて「どうぞ」と声をかけ、「右
でございます」など、進行方向を告げて先に降りていただく。
エレベーターに誰かが先に乗っていた場合は、ドアを押さえてお客様に先に入っていただく。

## ・タブレット端末のタブの数は５つまで

　最近ではタブレット端末を使って、営業するケースが増えて
います。専用のアプリケーションを使って自社商品を紹介する
こともあれば、その場でお客様の質問に応じてネット検索をす
ることもあるでしょう。

　ここで注意したいのはお客様に最初に見せるタイミングのタ
ブの数です。前のお客様とお話ししているときのタブがそのま
ま開きっぱなしになっていませんか？

　沢山タブが開いてあると、それだけで不快になるお客様もい

ます。事前に開いておくのは、自社ＨＰや商品ページ、その参
考資料程度の１〜５種類程度にしておくとよいでしょう。


## ・退席時のマナー

　退席時の印象も非常に大切です。

　時間を頂いたことや、勉強させていただいたことについて必
ずお礼を述べることを忘れてはいけません。訪問時と同じよう
に受付の方に挨拶をしながら退出するのもエチケットです。

　建物を出る際には、丁寧なお辞儀をして、退出するように心
掛けましょう。また、数歩歩いて振り返り、まだお見送りをし
ているようなら再度お辞儀をしてから視線が切れる場所まで速
やかに移動しましょう。これは誰かを見送るときも同じです。
お客様が建物から出たからといって、すぐに戻るのではなくお
客様が視線から消えるまでお見送りの姿勢を崩さないようにし
ましょう。

　退出後も誰がいつ見ているか分からないので、態度ががらり
と変わることのないように気をつけたいものです。

## ・電話応対のマナー　定型文を覚えよう

　電話応対に苦手意識を持っている若手行員は非常に多いですが、受電応対にのみに絞れば決まったルールに従ってある程度機械的に対応することで問題なくこなせます。電話セールスやアポイント取り等は様々な工夫やコツがいりますので、本書では受電のマナーという点で役立つ知識を紹介します。

### 電話を取った時のフレーズ

　**第一声**
　「お電話ありがとうございます。〇〇銀行　営業部でございます」

　電話を取る際注意したいのは、「もしもし」と言わないことです。「もしもし」はあくまでもプライベートで使う言葉なのでビジネス電話では使うことはありません。もしもしに代わるフレーズとして便利なのは、「お電話ありがとうございます」や「いつもお世話になっております」という言葉です。また、朝早い時間帯であれば、「おはようございます」に代えてもよいでしょう。また３コール以上お待たせしてしまった場合は、**「大変お待たせいたしました」**と一言簡単なお詫びを添えるべきです。

## 要件によって自分で対応できるかどうかを判断しよう

　金融機関に電話をかけてくるケースは、①一般的な各種問い合わせ②担当者に用件がある場合③営業やセールスの電話④クレーム・ご意見の４つに分けて考えましょう。

### 一般的な問い合わせ

　一般的な各種問い合わせに関しては、しっかりと問い合わせ内容を理解した上で、自身で解決できるのか先輩や担当者に引き継ぐべきかを検討します。場所や営業時間、ＨＰの見方等あなたが対応できそうなものは、少し時間がかかってしまっても構いませんので、先輩に頼らず自分で解決してみましょう。

### 担当者に用件がある場合

　お客様が担当者を名指ししてくるパターンでは、定型的に対応できます。まずはお客様の指名した担当者の名前をゆっくりと復唱します。

　「〇〇営業部の△×でございますね。ただいまお繋ぎしますので、少々お待ちください」
　「恐れ入りますが、お客様のお名前を教えてくださいませんか」

**「一度保留にさせていただきます」**

　中山、片山、高山など発音が似ている苗字も多いため、しっかりとゆっくり発音してお客様に確認しましょう。また、いきなり保留せずに、お客様に断ってから保留ボタンを押すのがマナーです。取次ぎ先にスムーズに電話を繋ぐために、お客様のお名前を聞いておくとよいでしょう。

**「営業部〇〇です。鈴木さんあてに、２番に株式会社ＡのＢさんからお電話です」**

　取次ぎ先の先輩等には、どこの誰が電話をかけてきたのかを伝えてあげましょう。

　もし外出や席外しで電話に出れなかった場合は、お客様に戻り時間と折り返しが必要か否かを確認しましょう。

**「鈴木は現在外出をしておりまして（会議に入っておりまして）、〇時頃には戻る予定です。戻ってまいりましたら、折り返しお電話差し上げましょうか？」**

　問い合わせ内容によっては、あなたが代りに対応できるかもしれません。指名先と同じ業務をしている等の事情があれば、

次のような対応も喜ばれます。

> 「鈴木と同じ部署の〇〇と申します。鈴木に代わってお答え
> できるかもしれませんので、ご用件をお伺いできないで
> しょうか？」

　簡単に答えられる質問等であれば、代返し電話があった旨を
電話メモに残しておきましょう。もし指名先の担当者でないと
分からないケースでは、先方の名前、折り返し電話番号、用件
を電話メモに残しておくようにしましょう。

### 営業やセールスの場合

　魅力あるサービスでぜひ話を聞きたいという場合は少なく、
通常は担当者まで繋がずに第一話者レベルで断るように指導さ
れているのではないでしょうか。一般の事業会社であれば、相
手に少し失礼な態度をとってしまっても営業の電話なら仕方な
いと思ってもらえますが、金融機関の場合電話をかけてきた営
業担当が個人で預金口座を持っているケースなども想定されま
す。

　そのため「営業の電話は一律にお断りしています。ガチャ」
と失礼な対応をしてしまうのはリスクがあります。

「恐れ入りますが、間に合わっておりますので」

「申し訳ありませんが、営業の電話は繋がないよう上司から
　指導を受けておりますので」

「大変恐縮ですが、業務がありますのでお電話切らせていた
　だきます（かなりしつこい場合）」

等とクッション言葉を使って断るようにしましょう。

## クレーム・ご意見の電話

　お叱り、ご意見など様々な表現の仕方がありますが、いわゆ
るクレーム電話の対応について考えてみましょう。まずお客様
のクレームは大きく２つに分けられます。良いクレームと悪い
クレームです。良いクレームとは会社や営業担当の改善に繋が
るような指摘のことです。クレームは大切な経営資源とも言わ
れるように、業務サービス改善のヒントになります。

　非礼や不手際があった場合は、心を込めてお詫びしなければ
なりません。

　一方、お詫びの品がほしい、自分だけ特別扱いしてほしいと
考えるお客様からの悪質なクレームも存在します。「誠意を見
せてほしい」「ほかの銀行さんは○○してくれた」等と暗に品
物や特別サービスを要求してくるのが特徴で毅然とした対応が
求められます。

では万一取った電話がクレームであったらどうすればよいで
しょう。

　非常に便利なフレーズとして、**「ご期待に沿えず申し訳ござ
いません」**があります。どのようなクレームなのか、良いク
レームなのか悪いクレームなのかといった判断ができていなく
ても使えます。そしてお客様の主張をまずはすべて話させるこ
とが大切です。反論や異論があってもぐっとこらえて終わりま
で話させましょう。

　自身の話を途中でぶった切られたと思わせてしまうとさらな
るクレームに繋がります。また、**「ほかには失礼なことはあり
ませんでしたか？」**とさらに話を聞く姿勢を見せることで結果
的にクレームの電話は早く切れます。忙しい時に不毛な電話に
時間を取られたくないという気持ちは分かりますが、早く切ろ
うとすると相手にそれが伝わってしまいます。

## ・マナーは基本と心構え

　マナーは相手への敬意を表現する手法です。難しい尊敬語謙譲語の使い分けやマナー講師しか知らない細かな知識をひけらかす場所ではありません。

　皆さんが客としてサービスを受けるとき、どのような担当者に来てほしいと思いますか。私が思うのは、以下のような担当者です。

---

・清潔感がある

・自然な明るい表情、アイコンタクトがある
　暗い表情、うつむきがちなどがNG

・声に張りがあり、快活

・所作が丁寧
　かばんの置き方、書類の出し入れなど丁寧に。

・丁寧な言葉遣いで、お客様に合わせたペースで話す

・自分のことばかり喋り過ぎない
　お客様についての話をする（＝お客様に質問をする）

・必要以上に長居しない（お客様の時間を大切にする）

・共感する（自身の考えを押し付けない）

---

　細かく書くときりがないのですが、お客様への敬意をどう伝えるかを工夫するのがマナーです。

本当に大事なのは知識ではなく「あり方」です。

　常に「お客様目線」を持って、お客様を敬う、大切にする、心地よくする、不快にしない、と理解しておけばやることは自ずと定まってくるはずです。ここでも、自分から離れて、他人について深く考えれば考えるほど、洗練されていくはずです。

## ２．目的意識を持ったコミュニケーションを実践する

　前項で紹介したマナーに加えて、優秀な営業担当はプラスアルファでよい印象を与える技術に優れています。人は原則、自分に興味を持ってくれる人を好きになります。お客様の武勇伝や自慢話を引き出せる雑談力があると、お客様との距離はぐっと近くなります。ただし、営業担当としてお客様に会っているわけなので、雑談に寄り過ぎてもいけません。

　そこで大切なのは、目的意識を持ったコミュニケーションです。お客様との会話を次の３つのフェイズに分けて考えます。


① 　アイスブレイク（雑談）
② 　お客様のニーズや課題を把握する
③ 　提案する


　原則30分以内に提案まで終わらせられるよう時間配分に注

意しながら、会話を展開していきます。最初のアイスブレイク
では、お客様に沢山話してもらうのが大切です。③提案のフェ
イズでは、どうしても営業担当が多く話す必要があります。そ
のため会話全体のバランスをとるためにも、①アイスブレイク
ではお客様が話したい話題を見つけなければなりません。

　話題の提供は、**1 観察　2 自己開示　3 質問**で構成されてい
ます。はじめてのお客様であれば、どんな話題が好きなのか
を、持ち物や雰囲気から類推して話題を提供しなければなりま
せん。


　例えば、日焼けをしているなら、スポーツが趣味かもしれま
せん。


あなた　「こんにちは！○△銀行の加藤です。」
　　　　**（①観察　日焼けをしているお客様だな）**
お客様　「こんにちは！お忙しいところ、わざわざ来てくれ
　　　　てありがとう」
あなた　「いえ、こちらこそお時間割いていただきありがと
　　　　うございます。実はこのあたりのテニスコートを使
　　　　いに何度か来ています」**（②自己開示）**
お客様　「加藤君はテニスをするのか。スポーツ好きなの？」
あなた　「苦手ですけど、体を動かすのは好きです。お客様
　　　　は何かスポーツされていますか？」**（③質問）**

お客様　「私はゴルフが……」

　このようにある程度仮説を立てた上で、自分の情報を開示することでお客様が話しやすくなります。営業に慣れていないと、「質問をしないといけない」と考えていきなり「スポーツはお好きですか？」などと唐突に投げかけてしまいますが、いかにも緊張していて慣れていないのが見え見えです。

　お客様が話しやすい話題を観察で類推し、それに誘導できそうな自分の情報を探すようにすれば、アイスブレイクはぐっと楽になります。

## ・目的意識を持ったコニュニケーション

　会話で良い印象を与えるには「良い質問」と「良い反応」が必要です。人は原則、自分に興味を持ってくれる人を好きになります。お客様の武勇伝や自慢話を引き出せる雑談力があると、お客様との距離はぐっと近くなります。

## ・「ところで」で切って本題へ

　お話し好きのお客様だと、いつ会話を終わらせていいのか分からなくなってしまいます。雑談だけで終わってしまうと、あ

の営業担当は何をしに来たのか？と不審がられてしまうことでしょう。もちろん雑談の話題から営業トークに移れればスムーズですが、いつも上手くはいきません。そこで大切なのは、話を切るタイミングです。

本題に話を戻すときはあなたが話しているときに、「話過ぎてしまって失礼しました。**ところで**本日は、」と切り出しましょう。

> あなた　「そんなに朝早く起きて、ゴルフされるんですね。私は早起きは苦手なので、ゴルフするときはゴルフ場の近くに前泊しないと遅刻しそうです（笑）。目覚ましかけても起きられないんですよ！会社行くのも一苦労なほどで。話過ぎてしまって失礼しました。**ところで**本日は」

と少し長めに話したのち、あなたが話過ぎてしまったことを理由に次の話題に切り替えます。

お客様が個人もしくは法人か、お客様のどのようなニーズや課題を把握したいのかで、するべき話題は異なりますが、ここで光るのは事前準備です。個人なら、家族構成・現在の仕事、どういった金融商品を利用しているかについて。法人なら社長個人としての上記のことに加え、当然法人の基本概要（モノ・ヒト・カネ）について調べておきましょう。

法人は特にシビアで「帝国データバンク情報」「ホームページ」「会社案内」「各種パンフレット」など事前に確認できる情報が多いため、お客様は当然把握しているという前提でいます。その前提条件を満たしていないと、「やる気があるのか」と不信感を抱かれかねません。

　「ホームページを見てきたのですけれど」「会社案内を今拝見したのですけれど」「事務所に入る前に工場内を拝見したのですが」「少し工場の方とお話させていただいたのですが」、といった切り出しでニーズや課題に関わる質問をしましょう。質問のポイントはいきなり資金ニーズに結び付けないことです。まずは、ビジネスの課題を見つけます。課題は業績が悪い会社にだけあるわけではありません。「拡大しているが人が不足していて成長が鈍化しそうだ」「採用が追いつかない」「従業員の福利厚生を充実させたい」といったポジティブな話題も課題に含まれます。

　そういった課題に対して、どんな解決策があるのかを一緒に考えるのが、③の提案です。

　ただし、提案はそんな大げさなものでなくていいのです。

　もう一回会いに行ける理由づけができるものであれば十分です。関連の資料をお持ちする、上司や本部の人間と訪問する、無料セミナーをご案内する、休日相談会を案内するなどで構いません。

　まずは、小さなことで構いません。もう一度お会いできる理

由を見つけて、約束を取り付けよう。

## ・答えは提示するのではなく、一緒に考える

　入行したての皆様にとって、社長や経理部長クラスの人生の先輩に対して提案するのは、心理的にもストレスがかかります。提案内容の穴や問題点を突っ込まれたときに、正しく応対できるかどうかも怪しいでしょう。

　そこで大切なのは、その課題を解決するために方法を一緒に考えることです。課題解決の答えはお客様が持っていると仮説のもと、心地の良い質問を続けることで気付きを与えるコミュニケーション術をコーチングといいます。その中から最も基本的な技術だけ次にまとめました。

### ・共感

　会話のなかで話をする気が失せるのが、話したことに共感してもらえないことです。

　例えば、「売上が上がらないのが問題ですね」という言葉に対して「そうですか、私は経費の使い過ぎが問題だと思いますよ」といわれるのと「生意気だ」と感じるはずです。

　さらに「売上アップのために公告をうつつもりです」という言葉に対し、単に「そうですか」と「1万に届く媒体なら、1％が購買に繋がった場合は、およそ100人のお客様が増えま

す」とでは、感じ方はどう変わりますか？。

　話に対して、反応がそっけなかったり、共感がなかったりすると、自分の話には関心がないのだなと感じ、話す気が失せてきます。

　相手の言葉に対して肯定し、共感の言葉を添えることは気持ちよく話してもらうための重要な要素です。以下のような言葉を添えて、会話をするたび良い印象をもっていただけるようにすべきです。

## ・うなづく・相槌を打つ

　会話をしていて相手の動作が何もないと、聞いているのかどうか不安になりますし、聞こうという意思があるように感じられません。

　相手が話している時は、（1）の共感の言葉を使いながら、うなづいたり、相槌を入れるべきです。あまりに頻度が多いと、ただなんでもうなづくだけのように見えて、真面目に聞いているように感じられません。話のペースに合わせて、適切な頻度でうなづいて聞きながら、要所で共感する言葉を交え、真摯に耳を傾けている印象を与えられるようにすべきです。

## ・アイコンタクトをする

　人と話をしていて全く目を合わせてもらえない時に、どういった印象を持つでしょうか。

なにか後ろめたいことでもあるのか、避けられているのか、今一つ信頼関係が築けていないような、打ち解けていないような印象を持つと思います。

相手との信頼関係を築くには、一定の頻度で目を合わせることが欠かせません。

目が合うことで、真剣さも伝わりますし、相手もあなたのことを信用できる人間だと思うはずです。


・傾聴（熱心に聞く・メモを取る）

話を熱心に、真摯に聞いている時は、どのような反応をするでしょうか。

熱心に聞いている時は自然と身体が前めりになって、相手に近づくはずです。

熱心に聞いているかどうかは、態度で相手に伝わります。

加えて、メモを取るのも大切です。

1日に何人ものお客様に会い、1週間、1か月が経過してすべてを記憶に残すことは不可能です。また相手から見ても、メモもとらないで覚えていられるのか、という不誠実な印象を持ちます。

また、メモに取っておくと次回面談時にも記憶を呼び戻し、「前回はこんなことを聞いたな、今回はこの部分を聞いてみよう」という効率的な面談にも結び付きます。「前回このようなお話をお伺いしました」という言葉を添えれば、相手にも「話

したことを覚えてくれている」という信頼につながります。

### ・身振り・手振りをする

　微動だにせずにただ言葉を発しているとしたら、どういう印象をもつでしょうか。

　堅苦しい、打ち解けない雰囲気になるはずです。

　まったく緊張感がないのも問題ですが、会話の弾む雰囲気をつくるには、やはり動きがあった方がベターです。「大きい」「小さい」「こちらにご記入ください」「車を運転していたんですよ」こういった言葉に、身振り手振りをつけて頂くと会話が活性化することが分かると思います。会話に動きをつけて、活性化することにも留意してください。

### ・質問をする

　お客様と面談している時は、主体はお客様です。例えば売上至上主義になっている社長に対して、あなたは経費について考えてほしいと思っているなら、コストについて質問を重ねましょう。

　「売上アップするのではなく、コストを削減すれば同じ効果が得られるのではと考えましたが、いかがでしょうか?」

　個人のお客様に対しても同じで「万一ご主人がご病気になられた時に、備えが十分ではないかもしれないとは考えたことは

第2章　感じの良い担当者が身に付けている「現実的なマナー」

ありますか」という具合で、判断や主体をお客様に向けること
が大切です。

　具体的な商品の説明や融資の提案時を除いて、営業担当がお
客様とする会話は、お客様をよく知るための会話と気付きを与
える質問です。営業担当が質問し、お客様がそれに答えている
というのが正しい図式です。


　自分のことは、お客様から聞かれれば話す程度でいいと認識
しておいてください。答えた後も会話の主体はお客様であるこ
とを忘れず、長々と自分のことばかりを話さず、お客様への質
問を投げて、聞き手に徹することを忘れないようにしましょ
う。


# 3．不断に勉強する

　質問力はインプットの量に裏付けられます。なぜコストを掛
け過ぎていると思えたのか、それは他社に比べて利益率が低い
と気付けたからです。では、その気付きを得るためには、業界
の利益率や黒字化に対する知識が必須です。

　基本マナーを守り、良い印象を与えることは、営業活動の
ベースとなるものですが、金融機関の営業担当は性質上イン
プット力を大切にしなければなりません。

　知識が備わっていて初めて、お客様はご自身に関する情報を

明かしてくれるようになるのです。どうせ話しても分からないだろうと思われてしまっては、印象が良くても情報は引き出せません。また、情報が実は出ているのにも関わらず気付かないというケースも考えられます。

　実際、ここが不十分で損をしている営業の方もいらっしゃいます。常に自己点検し、磨きを掛けていただきたいものです。では何を中心に勉強すればいいのでしょうか。大まかに３種類に分けられます。業務や目指すべきキャリアに応じてどこを強化するべきか考えてみましょう。

## （１）業務に関する知識

　社内の手続きや目下担当している業務のなぜどうしてを深掘りする知識です。ミスなく作業が進められるのはもちろんのこと、今の仕事の意味を知ることで、後輩への指導などにも役立ちます。毎年入社してくる後輩達に対して自信を持って業務を教えられるように学習するのも大切です。

## （２）商品知識

　商品知識は当たり前ですが、大変重要です。
　よく分からない商品はお客様に説明やオススメができないため、組織にとってもお客様にとっても機会損失になってしまいます。また、商品説明に不足や誤解があると、お客様に迷惑をかけることになりますし、あとでトラブルになるかもしれません。

商品知識は、まずメリットとデメリットから覚えていきます。次にその理由。どんな客層に人気があるのかといったことも覚えておくとよいでしょう。もちろん商品改訂などがあった場合は、常に補足することも忘れないようにします。

　商品は、重要な順番に優先順位をつけてひとつずつ確実に習得するように心掛けます。また、申込書の処理や、事後の事務知識なども、重要です。

　事務は確実に、迅速に、1回で済ませることが当たり前ですので、ここはことの重さを認識してきちんと習得してください。

## （3）専門知識

　個人向けの営業であれば、ＦＰに代表される知識です。法人向けの営業では、業界知識や経営理論、マネジメント理論、中小企業診断士や簿記の学習もそれに含まれます。

　これらの知識を高め、情報がもらえれば有益なアドバイスができるという確固たる自信を胸にお客様の収入・資産・事業についての詳細を引き出していきます。

　そこからお客様のニーズや課題を発掘し、応えていくことが「コンサルティング営業」です。

　個人富裕層の代表格である、医者や地主、法人オーナーといった方々にコンサルティング営業で応えるには、これらの専門知識がどうしても必要になります。これらは、長い時間と経

験を積んで、長期に渡り身に着けていくものですので、まさに不断に勉強する習慣が必要です。

　法人営業分野で特に重視されているのは、財務と事業についての知識です。

　毎期の営業活動の結果は損益計算書（P/L）やキャッシュフロー表（C/F）として表され、その長年に渡る結果は貸借対照表（B/S）となって表されます。

　それぞれのチェックするポイントや様々な指標の意味なども、当然理解しておく必要があります。また、そういった財務諸表から、今後企業はどのようにしたいと思うのかという想定する力や、どうさせればいいのかといった助言する力も必要になります。

　融資をする際の判断力も求められます。

　これも、一朝一夕で身に付くものではありません。知識をつけ、多くの企業の財務諸表を見て、長い時間をかけて身に着けていくものです。

　分けて紹介しましたが、これらの専門知識は、法人個人どちらに対しても、互いに必要な知識が密接に絡みます。法人オーナーの相続や事業承継の課題には、ＦＰ知識が必要です。

　医者や地権者は個人で事業を行っているお客様です。事業に関する知識は、基本的に法人で必要な知識と同じです。

また、上記以外にも、M&A、海外進出、税務といった知識
も、場面によっては必要になります。ベース知識を確立した上
で、さらに知識を積み増していく必要もあるので、不断に勉強
することに終わりはありません。

## （4）お客様に関する知識

　最後に営業において最も重要な「お客様に関する知識」で
す。

　また、一言でドクターといっても、医業種によっては身に付
けておく知識は当然変わってきます。（歯科・整形外科・耳鼻
咽喉科・産婦人科・総合病院など）

　医療行政についても知識を身に付ける必要もあります。

　地権者なら、不動産やアパート・マンション経営についての
知識も欠かせませんし、マーケット特性や相場観なども理解し
ておく必要があります。

　それらの方々に受け入れていただくには、事業や資産につい
て踏み込んでいくための「確たる知識」が必要です。

　ここも急ぐ必要はありません。

　担当エリアが変わった時には、次のエリアで必要な知識を、
また着実に身に付ける。

　そうして、エリアを変わるごとに新しい知識が上積みされて
いく。このように、ひとつひとつ身に付けたものが皆さんの営
業担当としてのベースとなっていきます。

# 第 3 章

営業先で困ったときの
Q & A

# 営業向かい風の時代

　皆さんが生まれる10年ほど前の日本では、強引な詐欺まがいの営業が行われていました。たとえば、商品に関する嘘をつく。早朝や深夜に押しかけて契約するまで帰らない。顧客の無知を逆手にとり不要な商品を売りつける等です。それを問題視した政府は、訪問販売等一部の営業活動を制限する法律である特定商取引に関する法律を昭和59年から9回も改正して様々な規制を作りました。しかし今でも一部強引な営業行為によって、営業そのものに悪い印象を持っている人も少なくありません。

　2015年の消費者庁が行った「商品やサービスに関する訪問販売と電話勧誘についての消費者の意識」調査発表では、訪問販売については96.2%、電話勧誘については96.4%の人が「全く受けたくない」と答えています。

　法人に対しての営業は個人に対するそれほど向かい風は強くありませんが、それでも営業関係の電話は取り次がないように指示している決裁権限者も多く、アポイントを取るだけでも一苦労です。

　そうした社会状況の中、社会人としてそしてはじめての営業担当としてキャリアを始める皆様には多くの悩みが付きまといます。本章では、若手営業担当が直面しがちな困った状況への

対処法をＱ＆Ａ方式で簡潔に解説します。もちろんケースバイ
ケースですが、参考になることも多いはずです。

**Q** お客様の反応が薄いです。
どうすればいいでしょうか？

 **A** お客様に都度質問をして反応してもらえるように
努めましょう。

　反応の薄いお客様相手に話していると、伝わっているのかどうか分からず、不安になってしまいます。都度、質問を投げかけて一方的に説明している時間を極力短くして、双方向性を保つ努力をしましょう。

「今までの説明の中で疑問点はありますか？」
「もう一度ご説明したほうがいいですか？」
「次の話に移ってもよろしいでしょうか？」
「上手くお伝えできているでしょうか？」

　こうした言葉を適宜入れながら、強引にでもお客様が自分のセールス展開の当事者になるよう話を進めましょう。

　提案以前の雑談が上手くいかないお客様に対しては発想を変えましょう。特にせっかちなお客様は、雑談不要と考えているかもしれません。絶対に必要なものではないので、ケースバイ

ケースで本題に進みましょう。特にお客様から問い合わせ対応
であったり、興味を示した商品やサービスの営業をするとき
は、無理に雑談を挟む必要はありません。もちろんお話し好き
のお客様に対しては、重要な時間になりますが、結論から簡潔
に話してほしいと思っているタイプのお客様に対して、長々と
不要な話で時間を使ってはいけません。特に事業主（法人オー
ナーやドクター等）は、結論から簡潔に話してほしいと考える
方が多いです。こうしたビジネスライクな方々とのコミュニケ
ーションでは、やり取りの内容が想定しやすいため事前に見せ
たい資料などを準備しておきましょう。

　もちろん最初から完璧な人などいませんから、あまり気負わ
ず面談後に「こうすればもっと良くなる」という点を見つけ
て、次に活かしてください。

危機意識を喚起したいが、脅しにならないように伝えるのが難しいです

 お客様の課題に対する対応策を聞いてみましょう。何も対策していないことを自分の口から言わせることで、注意喚起につながります。

　お客様はある課題に対して何の対策もしていないケースを考えてみましょう。例えば、個人であれば遺言書を書いておらず、相続対策もろくにしていないケース。法人であれば求人票をハローワーク（職業安定所）に出しているだけで、それ以外の人員補充策を取っていないにも関わらず人手不足を嘆いてるケースを想定してみましょう。

　どちらも必要な対策は明確です。しかし話を進めていても危機意識がなく、「まだその時期ではない」「なんとかなる」と楽観しており、解決策を提案しようにも聞く耳を持ってくれません。そうした場合は、「このままでは困ってしまうと思いますが、どのような対策を考えていますか？」と問いかけてみましょう。

　危機感をもっていただくためのポイントは、お客様の状況に合わせて「具体的に」放置することによる「デメリット」を考

えさせることです。

　また、実際の事例や経験談などを付け加えることができれ
ば、より説得力が高まります。


　相続であれば例えば以下のような点です。

・奥様と長男と長女は、事業や資産について何も知らない状
　態では、万一の時に初めて知ることになり大変な状況にな
　る。

・もしそうなったら、たった10か月（相続税の納付期限）
　で、関係者で決めなければならない。
　皆さんそれぞれの生活があり、10か月はあっという間で
　あまりにも短い。

・家族が争って、絶縁するような火種を残すことになる。
　（特に兄弟姉妹仲が悪い、兄弟姉妹間の力関係の強弱が明
　　確なケースなどは説得力が増す）

・お取引先で実際に似たような例があった。（具体例を話せ
　るとさらに説得力が増す）

・ご本人がいなくなると歯止めがきかず、揉めるケースが本
　当に多い。

・判断がきちんとできる時でないと、相続対策はできない。

・本当に世の中は、いつ何が起きるか分からない。
　（時事でそう感じさせるニュースはいつもある。（自然災害
　　など）ので、そのような例を出すと説得力が増す）

・だから、「今やっておくべき」
・それが「○○様やご家族のためになるのでは？」と問いか
　ける。

法人の求人であれば、以下のような点でしょうか。
・ハローワークでの求人では、新たに人を雇用できていな
　い。
・新たな人が来ないと、現在の従業員に負荷がかかったまま
　である。
・現従業員にも不平不満が出て、体調悪化や退職などでさら
　に人が減ることも想定される。
・そうなった時では遅いし、人員が減った後では指導するの
　側にも負荷がかかる。
・新たな求人対策をしても、すぐ雇用できるとは限らない。
・新しい人員の育成にも時間はかかる。
・だから、早めに手を打っておくべきことが「会社のために
　もなり、社長や従業員の方々のためになるのでは？」と問
　いかける。

**Q** 脱線や余計な話が多く、営業が進みません。
どうすればいいでしょうか？

**A** 3回目の訪問で判断しましょう。
話を聞いてくれたことに満足して、契約を検討し
てくれる顧客もいますので最初から諦めてはいけ
ません。

個人・法人問わず、高齢のお客様（担当者）にしばしば見ら
れるケースです。いきなり話が脱線して以後戻ってくる気配が
なく、苦笑いをするしかない状況は意外と多いです。

お客様「金融に強い息子の意見を聞きたいわ。その息子は東
　　　　京の大学を出ていて経営学部なんだけど、そのあと
　　　　商社に就職して、今は〇△★」
こうして、息子の説明に入ってしまったら最後出口が見えな
い話が続きます。

一度は経験ありませんか？

こうしたお客様との面談は手応えがなく、取引深耕に繋がっ
ているという実感が得られません。ただし話を親身に聞いてく

れたことにより信頼関係が深まり、いきなりあなたの提案をすんなりと受け入れてくれるように変化する可能性を秘めています。人情派経営をしている社長や専業主婦に多いタイプです。粘り強く話を聞いて、信頼関係構築に努めるとともに、２度目の訪問、３度目の訪問でもスタンスが変わらないようであれば、別のお客様に営業する方針に切り替えるのも大切です。

丁寧に説明したのに、分からないと言われます。
私の説明が下手なのでしょうか。

 お客様の思考スピードに合わせて説明を心掛けましょう。のんびり屋さんのお客様は特に時間をかける必要があります。

　一通り説明をしたにも関わらず、「う〜ん、難しい。ちょっと分からない」と反応されるケースはありませんか？

　どこが分からないのかを尋ねても明確な答えは返ってきません。他のお客様なら分かってもらえるにも関わらず、このお客様はいつもこの反応で、断りたいのか本当に分からないのか判断がつかないというケースです。

　実はこの問題の正体は、お客様の理解度の違いにあります。通常、パンフレットや商品勉強会等で習う説明は、少し理解度が低めのお客様でも分かるように作られています。そのため多くのお客様に対しては、その説明をすれば理解されないことは少ないでしょう。しかし、一部のんびり屋さんの場合は、少しでも難しい言葉が出てくると思考が止まってしまったり、退屈を感じると話が頭に入ってこなくなったりします。

雑談は上手くいきますが、セールスへの持って行き方が難しいです。教えてください。

 雑談が終わったら、即セールスと考えない方が良いです。次にすべきはお客様の実態把握です。具体的には基本属性や収入・事業、資産負債について質問してみましょう。

　第二章で雑談は、「ところで」を使って強引に切り上げてしまおうと提案しました。たとえば、「ところで、社長が浅草で創業されたのはなにか特別な理由があるのですか」といった具合です。「そういう理由で浅草だったのですね。創業する前はどのようなお仕事をなさっていたのですか」「当初は何人で始められたのですか」「最も長く取引している販売先はどちらなんですか」「その頃から勤めている従業員の方はいらっしゃるのですか」など。

　ここでは、回答に対してさらに深堀りする質問をしましょう。

　共感しながら、メモを一生懸命とることを忘れずに。

　法人の場合は、いきなりセールスすることは避けた方が良いです。

　法人オーナーは、短絡的な物売りセールスに辟易していま

す。

　最初は、小さなことでいいので、なにかもう一度訪問できる
理由を見つけることに専念しましょう。


　個人の場合も、運用を提案したいなら、取引金融機関や取引
内容について質問しましょう。ローンを提案したいなら、自宅
や子供、マイカーや趣味などについて質問をして、聞きたいこ
と（ライフイベントの有無）に話を展開しましょう。

　ライフイベントが見つけられれば、そこへ向けての蓄財が
必要で、良い商品があること、一度説明させてほしいことや、
ローンについて説明させてほしいことを提案します。結局、お
客様についてよく知ることが、具体的な商品のセールスに繋
がっていくことを理解しておきましょう。

出されたお菓子やお茶はどのタイミングで食べれば
いいですか？　お客様が話しているときに食べるの
も失礼に思えますが、残すのも気が引けます。

 地域やお客様によって対応が変わります。先輩や
上司にアドバイスを求めるのが正解です。一般的
に、のどかな地方では、お菓子やお茶は残さず食
べる方が喜ばれます。

　決算書をもらいに来たはずがビニール袋いっぱいのミカンを
渡され、お菓子とお茶がエンドレスで提供されるという話を耳
にします。お土産はありがたく頂戴するにしても、お菓子やお
茶はどのタイミングで手を付けるかは難しい問題です。
　非常にビジネスライクな客先以外では、出されたものを美味
しくいただくのもコミュニケーションのひとつですので、遠慮
し過ぎない方が上手くいくケースが多いです。

　お菓子を食べるタイミングを逃してしまいがちなら、出され
た直後もしくは最後にいただくようにしましょう。
　「お菓子ありがとうございます。大好きなので早速いただい
　　ていいですか？」
　「お話しありがとうございます。まだお菓子残っていますの

で、頂戴します」

　と、堂々とお菓子を食べると宣言して食べてしまえば、失礼
に当たりません。

**Q** KPIやCSF等お客様の言っていることが難し過ぎてさっぱり分かりません。

 **A** 若手のうちは質問しても許されます。分からない言葉はどんどん質問するとともに、一度聞いたことはなるべく次は質問しなくても済むようメモを取って移動中などの隙間時間を利用して定着させましょう。

　ビジネスの基本用語並びに金融業界の基本用語が、「分からない」で通用する期間は長く見積もって1〜2年目までです。そのため2年以内に基本的な言葉の使い方はマスターするとよいでしょう。用語集を買って覚えるのもいいですが、基本的にはお客様が使った言葉をメモしてその日のうちに調べるようにすれば、重要な用語から吸収できるので効率的です。

　プラスアルファとして、用語集やテキストを活用するとよいでしょう。ただししっかりと体系的に学習を進めてないと身に付かないのは経済用語です。輸出企業や富裕層のお客様と話すときは、国際経済の話題は頻出です。貿易や為替は用語単位の知識ではなく体系的な理解が必須です。
　また、「循環」など日常用語と勘違いしがちな経済用語に反

応できないと恥をかいたり勉強していない人というレッテルを
貼られてしまうかもしれないので自己研鑽の一環として経済に
興味を持つようにするとよいでしょう。

住宅ローン相談の際、ネット銀行やメガバンク等金利水準の低い競合と比べられてしまいます。
どうしたら切り返せますか。

 他社の特徴を知るとともに専門家として正しいアドバイスができるコンサルティングスキルをアピールしましょう。

　ネット銀行の住宅ローン金利は近年特に低く、人気です。金利の比較サイトなどもあり、簡単に金利を比較されてしまうためメイン化を進めているお客様であっても取り逃がすこともあるでしょう。ただし、他社を検討していることをあなたに伝えてくれたなら、まだ切り返すチャンスがあります。

　団信（団体信用生命保険）が表示金利に含まれていない場合は、見た目の金利とは違うため切り返しの材料になります。また、夫婦二人でマイホームと債務を共有するペアローンなどは、対面形式で相談しながら進められる金融機関に強みが残っているでしょう。変動金利から固定金利への切り替えるべきタイミングになったら、お電話でお知らせするといったコンサルティングサービスも利用者にとっては魅力的です。

　団信などの商品性も金融機関によって差別化が進んでいるので、金利以外にも自社商品の訴求できる優位性を理解しておき

ましょう。

　金利が低いだけがサービスではないことをアピールするために、自社だけでなく他社のサービスも学習するとよいでしょう。

　また、住宅ローン減税の確定申告のやり方や考え方なども助言できるようにしておきましょう。住宅購入に際して、関連することを気軽に聞くことができる人がいれば、こんなに頼りになる人はいません。

　一般のお客様は、我々が想像する以上に金融機関に敷居の高さを感じますし、用語や商品・サービスについても知らないことがほとんどです。普段から良好な関係を築いていれば、多少の金利差に関わらず説明を聞いてすぐに申し込んでいただけることもあります。

何かが足りないのは分かっていますが、自分自身課題を見つけられていません。
どうすればよいでしょうか？

 優秀な先輩の営業に同行させてもらいましょう。
お手本となる人を見つけて真似ることで、営業スキルは飛躍的にアップします。

　新入行員にとって、商品知識や営業スキル、経済や金融に関する知識のどれもが足りないのは当たり前です。その中である程度結果を残しつつ、勉強を進めていくことになりますが、結果がでないと勉強しても頭に入ってきません。最低限会社に貢献できていると実感できるほどの営業実績を、いち早く確保したいと考える営業担当には、先輩についていく勉強方法をおススメしています。

　もし適切な努力をしているにも関わらず営業実績が伸びないなら、その理由はあなたが考えるよりもはるかに単純かもしれません。部内で優しそうな先輩に同行営業を申し出てみてください。甘え過ぎはよくありませんが頼ってくれる後輩は、先輩にとってもかわいいものです。

**Q** 断られ続けてつらいです。
営業に向いていないのでしょうか

**A** 一度で紹介から契約まで漕ぎ着けられると考えて
はいけません。面談を重ねて壁を１枚１枚剝がし
ていくイメージを持ちましょう。

　「営業は断れてからが勝負だ」という言葉があります。補足
しておくと訪問販売や電話勧誘販売などの個人営業で契約を締
結しない旨の意思表示をした者に対して、さらに勧誘を続ける
のは法律違反です。そのため今となっては比喩でしかありませ
んが、断られるのは当たり前なのです。

　力不足だけが原因ではないので、断られ続けたとしてもあま
り気を落としてはいけません。それと同時に若手行員の皆さん
の一番大切な仕事は、自身の力を伸ばすことです。中堅以降に
しっかりと組織に貢献できる行員になるためのトレーニング期
間が今ですので、結果ばかりを追い求めず自分に足りない知識
やスキルを認識して一つ一つ改善していく意識と週間を身に付
けましょう。

　そして目の前の営業に関しては一度ですべて完結させようと
はせず、着実に前進することが重要です。

**Q** 自社の商品に自信が持てません。周りを見渡すともっと良い商品があり、お客さんのことを考えると自社商品をセールスするのは気が引けます。

**A** 金利や利率がよい他社商品があるのは仕方ありません。他社と比べて自社が劣っていると考えるのではなく、お客様が利用する前と後でどちらが得をするかという観点で提案しましょう。

　金融機関の扱う商品は、お金です。一般事業会社の商品と違って商品自体に大きな差はなく、価格に当たる金利や利率が異なるに過ぎません。そのため他社商品の方が優れていると感じることもあります。金融庁は顧客本位の業務運営をするべきと指針を出しており、自信の持てない商品をお客様に紹介するのは気が引けるという営業担当の声も聞こえてきます。

　そんなときに必要なのは、お客様がサービスを利用する前と後ではどんな変化があるかという点です。あなたが提案しその提案のおかげでお客様に利益があるなら、それは顧客本位の業務運営に当たるのではないでしょうか。

　唯一無二、誰にとっても、すべてにおいて優れている商品などは存在しません。

　一般的にメリットの裏返しがデメリットになります。金利が

低いことだけを望み、ネットで申し込む方には、対面で分からないことを聞いたり、説明を受けたりすることができません。その分自分で時間を投下して、調べる、読む、理解するなどの手間が必要になります。世の中には、自分で調べられるお客様ばかりではありません。皆さんの営業によるサービスを望む方も、商品性にメリットを感じる方も、沢山いるはずです。

　でなければ、自社の商品を契約する人は過去にいないことになります。

　商品の一面だけで優劣を決めつけるのではなく、メリットやデメリットはどのような商品・サービスにもあるのだと考え、お客様の実情に合わせて、訴求できる自社の商品・サービスのメリットを伝えるようにしてください。

プレゼンテーションなど人前で話すのは苦手です。
コツはありますか？

 皆さんにとってのプレゼンテーションとは、お客
様への「セールス」の段階でしょう。その目的は、
お客様の考えにあっている商品・サービスである
ことやそのメリット・商品詳細を分かりやすく、
理解いただくことです。セールスの基本は、お客
様のメリットを説明することです。

　分かりやすく説明するコツは、お客様のことをよく知ること
が大前提ですが以下の通りです。

① 　主旨を最初に述べる
　　例：お客様にはこの商品が適していると私は思います。

② 　理由を３つに絞る
　　（２つでは少ないし、４つ以上では多過ぎ混乱するため）
　　例：理由は３つあります。１つめは○○、２つ目は○○、
　　　　３つ目は○○です。前回お話をお伺いした時に金利は
　　　　変動金利で、極力低い金利を希望するとおっしゃって
　　　　いました。この商品は、期間限定で融資枠の設定され

た商品ですので通常金利より低くなっているので、ご希望にあった条件となっています。

　２つめは、・・・。３つ目は・・・。

　以上３つの理由により、お客様のご希望に合った商品であると判断いたしました。

### ③　場数をふむ・練習する

　ビジネスプレゼンテーションの先駆者であるスティーブジョブズは、10分のプレゼンテーションのために数週間前から準備をして、リハーサルは２日に渡って行ったという逸話が残っています。プレゼンは、始まる前の準備が最も大切で、始まってしまえば泣いても笑ってもあっという間です。

　自信をもったセールスや商品説明の鍵は、準備と場数です。

顧客の実態を把握するとは具体的にどんな情報を集めればいいのでしょうか？

 ①基本属性 ②資産負債の実態 ③収入実態の３つです。

　金融機関の営業担当として、次の情報を引き出せれば実態把握が上手くいったと言えます。

**＜個人顧客の場合＞**

① **基本属性**
　・出身・学歴・職歴・家族構成・現在の仕事や事業内容等

② **資産負債実態**
　・資産詳細（自宅・その他不動産・金融資産（他行取引）・その他資産等）
　・負債実態（ローンや借入の使途・残高・金利・金融機関・不満等詳細）

③ **収入実態**
　・給与収入、年金収入（概算で可）等
　・事業収支

## ＜法人の場合＞

　法人の場合はオーナー個人としての上記①〜③に加え、法人の概要が必要になります。

　設立から今に至る経緯や法人基本属性（設立時期・株主・従業員などモノ・ヒト・カネの詳細）、資産負債実態（BS関連）、収支実態（PL関連）等です。

　金融機関の営業担当が行うべきことは、顧客のフロー面（個人の場合の収入・支出概要・法人の場合の売上・原価・経費等）と、ストック面（法個人の資産・負債）を把握すること、です。そして、法人個人ともに、フロー面とストック面それぞれのどこかに課題があります。その課題やニーズを解決するために、皆さんの提供する商品やサービスがあるのです。

**Q** 話のキッカケが掴めません。
何か良い方法はありませんか？

 **A** 初めて会うお客様にもできる挨拶後の質問例を列
挙しました。参考にしてください。

　初対面の方にどう話を切り出していいのか分からない場合
は、次の質問例を参考に話を切り出してみましょう。

＜銀行や支店のこと＞
　・支店の場所はご存知ですか
　・ご来店いただいたことはありますか
　・当店の者が以前訪問したことはありますか
　・前任者は○○という者でしたがご存知ですか
　・ご家族でどなたかお取引いただいている方はいらっしゃい
　　ますか

＜地域のこと＞
　・今度駅前のスーパーが改装してオープンするそうですがご
　　存知ですか
　・駅前の○○の跡地にはビジネスホテルが建つそうですがご
　　存知でしたか

・Ａ社さんの跡地には、マンションが建設されるそうですが
　ご存知ですか
・３軒お隣が更地になっていますが、ご自宅の建替えですか
・お隣が建て替え中ですけど、よくご存知の方ですか
・３丁目の角にレストランがありますがお食事をされたこと
　はありますか
・○○病院がいよいよ改築するそうですがご存知でしたか
・××中学が校舎を建て替えるそうですが、ご存知ですか

### ＜取引経緯・内容について（既存先の場合）＞

・既に３０年近くお取引いただき、ありがとうございます
　お取引いただいたのはどのようなきっかけだったのですか
・８年前に住宅ローンをご利用いただいてありがとうござい
　ます
　窓口の担当者がご提案させていただいたのでしょうか
・投資信託をご契約いただいてありがとうございます
　投資信託での運用は当店が初めてだったのですか
・年金保険をご契約いただきありがとうございます
　何か気になる点などはございませんか

資産実態を質問すると、どうしてもいやらしさが出てしまいます。いい質問例はありませんか？

 金融機関の営業担当が訪問している時点で、資産実態について質問されるのはお客様も分かっています。遠慮ばかりしていても話は進みませんので、思い切って質問しましょう。

質問例

・すてきなデザインやインテリアのご自宅ですね
　土地はどれくらいの広さがあるんですか

・100坪ですか。お広いですね。この辺りの路線価は㎡20
　万円位なので、相続時の評価だと、100坪×3.3㎡×20
　万で6,600万円くらいになりますね
　※相続時に土地評価に使う路線価の相場や、評価方法を
　　知っていることをアピールする

・住宅ローンはないのですね

・このエリアは人気の地域なので、私のお客様でもアパート
　やマンション投資をする方もいらっしゃいますが、お客様
　は他に不動産をお持ちなのですか

・1丁目にアパートをお持ちなのですか。どちらですか（住
　宅地図を見せる）

・あっ、この○○ハイツがそうなんですか。こちらはどれくらいの広さですか

（場所を特定する・物件そのものを後で見るため）

・ここも100坪ですか。広いのですね。いつ頃建てたものですか

・10年前ですか。間取りは何ですか。ワンルームですか

・2LDKですか。何部屋あるのですか

・2階建てで8部屋ですか。このエリアだと家賃は6，7万位ですか

　※エリアの家賃相場が分かっていることをアピールする

・8万円ですか。相場より高いようですから、人気の物件なんですね

・今は、空室はあるのですか

・当時おいくらくらいで建てたものですか

　※やんわりと金額を聞く

・3,000万円くらいですか。自己資金ですか、お借入れですか

・B銀行さんで全額借入ですか。ちなみに金利は固定ですか、変動ですか

・ああ、変動金利なんですね。今は何％くらいですか

・2.0％くらいですか。借入期間はやはり20年くらいですか。残高は残りいくらくらいですか

・あと1,600万円で、期間は20年ですか。分かりました

（※帰店後、司法書士に依頼して登記簿謄本を入手すれば、借入当初の抵当権の設定状況などの詳細は確認可能）

・Ｂ銀行の担当の方は、定期的にいらっしゃるのですか

・借りた時の担当者はよく来ていたけど、今の担当者はこないのですか

　そうなんですね

　※他行との関係を聞き出す

　（ただし、取引銀行の悪口は厳禁）

・もしかしたら、借入金利は当行ならもう少し下げられるかもしれません

　私の方で金利などを調べた上で、次回詳しい資料などをお持ちしたいと思いますがよろしいでしょうか

・ちなみに、Ｂ銀行さんではこの借入れ以外には、どのような取引をなさっているのですか

・他にどのような金融機関とお付合いがあるのですか

**Q** 資産実態を濁されるお客様に対しては、どう対応すればいいでしょうか？

**A** 答えやすい質問から、類推することもできます。

資産実態は次のような質問から類推することもできます。

例えば

あなた「いつも患者さんが沢山いらっしゃっていますけど、
　　　　１日平均で大体何人位患者さんがいらっしゃるんで
　　　　すか」

お客様「平均40人位ですね」

　内科の患者１人当たり医業収入は、約６千円程度※です。週稼働5.5日、１か月４週と考えると、月収入は6,000円×40人×5.5日×4週＝528万円程度と想定できます。

　看護師と事務員を合わせて４人のクリニックだった場合、人件費は30万×４＝120万と仮定できます。賃料は診療所のエリア賃料と坪数から概算します。たとえば坪単価15,000円の地域で50坪なら月約75万円前後です。

---

※「患者１名当たり診察料」は厚生労働省データ等で公表されています。もちろん一般事業会社であればＨＰの料金表から客単価を逆算できます。

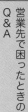第3章　Q&A　営業先で困ったときの

**商品を紹介するときのコツを教えてください。**

 商品は①利便性　②商品性　③すぐやるメリット
の3つに分けて紹介するとよいでしょう。

　お客様に商品を紹介するときは3つのメリットを組み合わせて提案すると上手くいきやすいです。

　1つめは、利便性です。「すぐにできます」「手間がかかりません」「手続きが簡単です」というトークには魅力があります。

　2つめは、商品性です。「安定している」「ほかの商品と比べて利率がお得だ」など商品の特徴を説明します。営業に慣れていないとこの2点目だけを頑張って説明しがちです。

　3つめは、今すぐ実行するメリットです。キャンペーン期間中であればそのお知らせに替えることもできます。特別な期間以外でも金利状況や相場状況は、今与えられた条件ですので、上手く組み合わせてお客様が好意的に受け取ってもらえるよう工夫してみましょう。

デメリットを説明すると契約してもらえないのでは
ないでしょうか

 デメリットを説明は最も大切です。時間をかけ
てお客様にしっかり理解してもらいましょう。金
融機関の扱う商品には、デメリットが存在しない
商品はありません。金融商品は常にトレードオフ
（あちらを立てればこちらが立たぬ）のジレンマを
抱えているためです。

　金融機関の扱う商品には、必ずデメリットが存在します。融
資であれば金利です。事業承継や相続関連では、手数料という
コストがかかります。元本保証型の普通預金は利率が低く、逆
に投資信託は元本割れのリスクがあります。この事実は、他の
ライバル金融機関においても同じことが言えます。

　では、お客様のためを思ってデメリットを丁寧に教えてくれ
る営業と都合の良いことしか言わない営業のどちらの方が信頼
できるでしょうか。金融機関の一番の商品は信頼です。都合の
悪いことほど包み隠さないというスタンスが、大きな信用に繋
がります。

お客様の意見は間違っていると思います。ズバリ指
摘してもいいのでしょうか。

 異論や反論はお客様の言葉を使い、前向きに言い
換えるとともにやんわりと否定すべきです。つま
り、細心の注意を払わなければならず、ズバリ指
摘してはいけません。

　お客様の意見や認識が間違っていると感じることは営業をして
いるとよくあります。信頼関係が築けているお客様に対して
は、あなたの意見をズバリぶつけてみるのも良いですが、一般
的に異論や反論をするときは細心の注意を払う必要がありま
す。
　またいくら信頼関係が築けていたとしても、「明らかに間
違っています」「矛盾に気付けないのはどうかしている」とい
う個人を蔑むような否定の仕方は絶対にしてはいけないことは
留意しておきます。

　では、どのように反論すればいいのでしょうか。一例ですが
次のような言い回しは便利です。

「お客様のご意見はたしかに一理ありますが、私は別の考え
　を持っております。お話ししてもよろしいでしょうか」

「お客様のご意見はもっともでございますが、現状を鑑みる
　に別の方法を模索するべきではないでしょうか」

「異論がでる議題だと思いますので、色んな方の意見を聞い
　て総合的に判断したほうがいいかもしれません」

　まず、お客様の意見の理を認めつつも、別の意見もあるがど
うしようと判断を相手に委ねながらも暗に反論をしています。
ここまで気を使っても、気を悪くするお客様もいますので、異
論反論は注意して行いましょう。ただし、社会人としてＹＥＳ
マンになってはいけません。自身の意見をしっかり表明できる
営業担当だけが、真の信頼を得られます。

電話をしたらすごく不機嫌でした。人として、そう
いった態度はよくないと思います。

 電話をかける時間やタイミングは適切ですか？
自分の都合だけでなく、相手の都合も考えて電話
しましょう。

　電話はメールとは違い、お客様の時間を突然に拘束します。
個人のお客様であれば、今は都合が悪いと気軽に電話を断れま
すが、ビジネス上では無下にできません。とはいえ、お昼休憩
が予想される11時45分以降や定時過ぎの電話は極力控えな
ければいけません。

　あなたもお昼休みの時間に仕事の電話は取りたくないですよ
ね？

　帰ろうと思った矢先に電話がかかってきたらどうでしょう。

　検討に1週間かかると伝えたのに、3日後に電話されたらど
んな気持ちになるでしょう。

　自分の都合だけでなく、相手の都合も考えられるようになっ
てこそ優秀な営業担当です。

お客様が怒っています。
どうすればいいでしょうか。

 すぐに上司に取り次ぎましょう。失礼があったことを詫びるとともに事実関係に関しては性急にコメントせず上司の判断に委ねます。

　クレーム対応は営業担当にとって最も気を使い、ストレスがかかる仕事です。お怒りのお客様へ訪問する際は、上司と一緒に訪問し対応を任せましょう。自身に非がある場合は素直に認めて謝りましょう。

　クレームの電話を取った場合も考え方は同じで原則上司の判断を仰ぎましょう。

　「さようでございますか。弊社の対応に失礼があったようで申し訳ありません。すぐに上席の者に相談してまいります」

　などと非礼を詫びると共にすぐに上司に相談します。適切なクレームであれば誠意をもって対応しなければなりませんが、悪質なクレーマーに媚びへつらう必要はありません。新入行員であれば、もちろん判断はできないため余計なことは言わないように気を付けます。

仕事でミスをしたかもしれません。なんとか隠し通
せないでしょうか。

 悪い報告は早いに越したことはありません。ミス
の発覚は早ければ早いほど、対応しやすく被害も
小さくて済みます。

　ミスした同僚が上司に詰められているのを見て、自分も同じ
ミスを犯しているかもと気付くことがあります。上手くいけば
このまま隠し通せるかもしれないと心の中の悪魔が囁いても耳
を貸してはいけません。金融機関にとって、事務ミスの放置は
大問題に発展します。もしかすると、あなたのキャリアに傷が
つくかもしれません。
　そうなる前に報告と相談を徹底しましょう。なぜミスをして
しまったのか、結論だけでなく経緯や思考プロセスも開示する
ことで、ミスを誘発する環境自体が改善される可能性もありま
す。

**Q** 事務仕事や細かい書類が苦手でミスをしがちです。
何に気を付ければいいでしょう？

 **A** 直近5件のミスと同じミスをしないように注意し
ましょう。

　人間は全方向への注意長く続けることはできません。そこで
直近5件だけに注目してみましょう。事務ミスは、実は同じ箇
所を同じように間違うことが多いです。書類が分かりにくい、
誤解しやすい、タイムリミットがあるという構造上の問題があ
るかもしれません。ミスしてしまった事例をすべてメモして注
意しようとすると、結局すべてに意識が行かずに見落としが発
生してしまいます。5件だけ注意しようを半年も続けている
と、事務ミスが劇的に減っていることを実感してもらえるはず
です。事務ミスが少なくなると、チェックしていた先輩や事務
処理担当の部署からも評価が上がり、あなたにとって大きなプ
ラスになることでしょう。

有給休暇を取得しようとしていた日（している日）にお客様から呼び出しがありました。営業として対応しなければなりませんか？

 有給休暇は皆さんの権利です。「その日は私用のためお休みさせていただくため終日お伺いできません」と堂々と回答しても問題ありません。

　法律上、有給休暇の取得には特別な理由は必要ありません。申請書に理由を記載する欄が設けられていても「私用のため」と書けば十分です。時期も原則自由ですが、会社も繁忙期等には有休の申請を不許可にできる時季変更権があります。そのため前日に申請すれば休めるというものではなく、仕事の状況をみて事前に申請するのが好ましいです。

　しっかり調整したにも関わらず、急に仕事が舞い込むこともあります。こうした際もケースバイケースですが、有休を取り消して仕事をする義務はありません。会社は組織です。仮にあなたが休んでもほかのメンバーがバックアップしてくれなければ健全な運営ができているとは言えません。また、同僚や先輩が同じく有給休暇等で休む際はお互い様の精神でバックアップしてあげましょう。

**Q** 上司が「いつも見られてると意識しろ」と言いますが、具体的に何をすればいいのでしょうか？

**A** 営業先では社会的に模範とされる行動をとるのが望ましいという意味で、求められる行動は多岐に渡ります。アポイント先に近づけば近づくほど、関係者に本当に見られる可能性も高まりますので、アポイント先まで15分を切ったら、お客様と一緒にいるつもりで行動しましょう。

　上司からの抽象的な支持のひとつで「いつも見られてると意識しろ」という言葉があります。抽象的過ぎてただの小言に聞こえるかもしれませんが、大切なことです。電車移動中、優先席では特に老人や障害者に道を譲る。赤信号を無視しないといった模範的な行動を取ることが営業の一助になるケースがあります。

　ある営業担当は電車移動中、アポイント先の専務から声をかけられたそうです。専務曰く、読んでいた本がたまたま一緒だから話しかけたそうです。仮にガチャガチャと音を立ててゲームをしていたらどうでしょう。やる気のない社員だと思われて、損してしまうかもしれません。

ある上司や先輩と上手くいきません。転職も考えていますが、どうしたものでしょう。

 組織には気が合う人もいれば、合わない人もいます。転職先にも合わない上司や先輩がいる可能性の方が高いため、上手く付き合う方法を模索したほうが賢明です。

　学校のクラスやサークルを思い出してください。必ず一人や二人合わない人はいませんでしたか？　学生生活ではそうした人を遠ざけることも容易ですが、社会人になるとと「嫌いだから」「合わないから」という理由で、遠ざけいては仕事になりません。

　我慢できる範囲であれば、上手く付き合う方法を見つけた方があなたのためになります。転職は悪ではありませんが、１年や２年足らずの間に何度も繰り返すと転職市場でのあなたの評価が落ちてしまいます。ただし上司や先輩が、セクハラ・パワハラなど問題行動があるなら、専門の部署や産業医に相談してみるとよいでしょう。

　最近ではストレスチェックが義務付けられている企業も増えています。結果次第では、環境を変えることも検討しないといけないかもしれません。

上司や先輩、お客様からの飲み会の誘いは断っても
いいのでしょうか？

 難しい問題です。プライベートの時間を仕事に浸
食されたくない気持ちは分かりますが、一律にす
べて断ってしまうと印象が悪いです。

　皆さんが生まれた頃の日本では、飲み会は絶好の営業チャン
スと考えて社内外の様々な席に積極的に参加することが奨励さ
れていました。ただ時代は変わりプライベートと仕事はしっか
り分けてメリハリをつけた働き方を希望する人は着実に増えつ
つあります。またその価値観を容認しようとする社会的な潮流
も相まって、誘われたらプライベートの予定を断ってまで会社
の飲み会に参加しなければいけないという風土は薄れつつあり
ます。

　ただし未だに旧態依然の考え方を引き継いでいる人も多く、
取引先企業の営業担当と飲みたがるお客さんの担当になること
もあるでしょう。そのため断る際も参加したいという意思は見
せつつ先約を理由に断るようにして、場合によっては

第
3
章

Q
&
A
　
営
業
先
で
困
っ
た
と
き
の

「同じ木曜日なら、〇月〇日なら空いていますがいかがで
しょうか？」

　と別の日程を提示するなど、誠意のある対応を心掛けると人
間関係が円滑に進みます。

# 第4章

プロフェッショナルが
未来と今を語る

# 「お客様のことを一生懸命考える」

栃木銀行　経営戦略室　調査役　広瀬晃子氏

　広瀬氏は、営業店にて住宅ローン等の相談を受けるローンアドバイザー業務、預かり資産営業担当（ファイナンシャルサポーター）を経験後、本部の預かり資産専門部署にて、担当者の育成・営業店指導に注力。現在は、昨年新設された経営戦略室にて、銀行の収益計画等について、関係部室との連携により施策の実現に向けた活動を行っている。

## 「辞めますと伝えた1年目」

**——仕事のできない新人でした。**

　　入行直後配属されたのは、稟議作成や融資オペレーション等の融資後方業務の係です。

　　今では業務の重要性を理解していますが、当時はお客様の顔の見えない事務作業を黙々とこなすことにストレスを感じていました。そのせいか、仕事の覚えも悪くミスも多いため、上司や仲間に迷惑をかける手のかかる新人だったと思います。

　　入行前に抱いていた華やかな銀行イメージとのギャッ

プ、お客様と接することのない毎日、そして与えられた仕事ができない自分の不甲斐なさも加わり、入行1年目の冬、意を決して当時の上司に「銀行の仕事は向かないので辞めます」と伝えました。今考えると、心のどこかで慰めの言葉を期待していたという甘えの気持ちがあったように思います。

しかし、これに対し上司からは「あなたは、まだ銀行の仕事の100分の1もしていない。向く向かないを判断するには経験が乏しすぎる」と叱責されましたが、私の気持ちを酌んでいただいたのか、なんと翌週からローンアドバイザーとして融資窓口に座ることになりました。


## 「感謝の手紙が届いて人の役に立つ仕事と実感」

### ——ローンアドバイザーの仕事は合っていましたか？

覚えなければいけないことは沢山ありましたが、目の前のお客様のお役に立てるよう一生懸命勉強しました。

そんなある日、税理士として開業間もない女性のお客様が中古マンション購入のローン相談のため来店されました。他行では業務歴等の審査基準に満たずお断りされたとのことでした。確かに取上げが難しい面もありましたが、お客様の計画や思いを聞けば聞くほど、力になりたいとい

う気持ちが強くなりました。その後、上司に相談し、保証会社と協議の結果、何とか融資できることとなり、お客様も非常に喜んでくださいました。

その後10年が経過した頃、3店舗目の支店に異動していた私にそのお客様から1通の手紙が届きました。そこには「20年の返済計画が10年で完済できたこと」、「あの時の対応を感謝する気持ち」、「10人の従業員を抱える企業となり、当行との法人取引も始まった」ことなどが書き綴られていました。思わず涙がこみ上げてきました。駆け出しだった私が精一杯対応させていただいたことで、お客様の役に立ち、そして10年もの間忘れずに感謝してくださっていたことが本当に嬉しかったです。

## 「目標ではなく、アフターフォローに徹した」

**――預かり資産の営業担当であった頃の話も聞かせてください。**

・・・・・・・・・・・・・・・・・・・・・・・・・・・・・・・・・・・・・・・・・・・・・・・・・・・・・・・

入行後融資業務の経験しかない私でしたが、当時在籍していた支店の支店長に預かり資産の営業担当（ファイナンシャルサポーター）に任命されました。

その頃はちょうどリーマンショックにより世界経済が痛手を被っていた時期であり、ほとんどのお客様が大きな含み損を抱えた状態で私の営業活動がスタートします。

営業目標もありましたが、損失を抱えるお客様の気持ち
を考えると、新たな提案やお客様を開拓する気持ちになれ
なかったため、既存のお客様のアフターフォローに徹する
ことにしました。お客様の保有するファンドを通じてマー
ケットの勉強をし、お客様宅を訪問する毎日でした。

　始めのうちは、損失に対し憤慨される方、落胆される
方、追加購入を目的とした訪問だと感じられた方もいまし
たが、丁寧にアフターフォローを継続した結果、お客様の
反応も変化していきました。「相場が悪くなると顔を出さ
なくなる銀行が多い中、よくこのタイミングで来てくれ
た」と評価してくださるお客様も増え、他行預金や投資信
託の預け替え、ご家族や知人の紹介も数多く頂けるように
なり、気が付けば営業目標を達成していました。

　その後、預かり資産営業の成績優秀者を集めた外部研修
に招待され、講師から「営業におけるあなたの決め台詞を
教えてください」との質問がありました。他の参加者は
各々答えていましたが、私は「特にありません」と回答す
ると、講師に怪訝そうな顔をされたことを覚えています。
お客様に必要な提案であれば、口説き文句も必殺技も必要
ないと思います。

## 「今の若手行員にアドバイスをお願いします！」

「コンサルティング能力の向上」が金融機関に求められており、幅広い知識の習得が必要かつ難しいイメージを抱きがちですが、私が考えるコンサルティング能力とは、

①お客様の信頼を得る力
②お客様の考えを聞き出す力
③お客様を深く理解する力
④お客様の夢の実現や課題解決となる提案ができる力

だと思っています。これは、トーク力に重点を置いているわけではなく、まず、「信頼を得る行動」を取り、次に「お客様の考えをよく聞き」、そして「お客様の立場で解決策の提案をする」ことが大事だと思っています。信頼していない人には、お客様は心を開かず、提案も聞き入れてもらえないと思うからです。

また、私は初めて営業に出た時から営業店を離れるまでこのサイクルを維持していたように思います。

（参考）

① 勉強する⇒ ② 説明に説得力が増す（お客様の納得感）⇒ ③ お客様が提案を理解し、喜んでくださる⇒ ④ 販売実績に結び付く⇒ ⑤ モチベーションが上がる（お客様にも支店にも必要な存在として認められる）⇒（もっと）勉強する①へ

営業を始めた頃は知識や経験のない私でしたが、日々の活動の積み重ねにより、お客様に喜んでいただけるようになり、自信の付いた私は、数年後本部で販売員を育成する立場となっていました。

若手行員の皆さまには、是非仕事も勉強も、「面白いから一生懸命やる」のではなく、「一生懸命やるから面白い」ということを実感していただけたらと思います。

# 「"すべき" ではなく "したい" という視点を持てる人は伸びる」

関東地方銀行　人事部　人材開発室　加藤陽介氏

　加藤氏は営業の経験を積んだ後、人材開発室に配属となり、現在は新卒採用・従業員の能力開発支援を担当しています。人事部として若手行員と管理職クラスの間を取り持つ加藤氏に、伸びる人材と伸び悩む人材の違いについて取材しました。

## 伸びる人材の4つの特徴

**──新卒ないし若手のトレーニングはどのように行っていますか?**

　最初の2年間は各業務の先輩を補佐しながら、業務の意味や仕事の流れを覚えてもらっています。例えば、決算書を貰ってきたらそれをどう処理して、どんなデータにして、どう活用していくのかといった流れを業務の中で経験しながら、金融機関で働くために必要な基礎能力を身につけます。

　入行後、原則3年目以降は自分の担当顧客を持ちます。それと同時に研修や自己啓発は社会人の基礎能力を鍛えるステージから、各々の担当業務を遂行する能力を鍛えるス

テージに移っていきます。

——伸びる人と伸び悩む人の違いはどこにありますか?
・・・・・・・・・・・・・・・・・・・・・・・・・・・・・・・・・・・・・・・・・・

　　出身大学やそれまでの経験云々ではなく、仕事に取り組む姿勢が一番の違いだと感じます。

## 伸びる人には４つの特徴があります。

### 1 「出来る事と出来ない事を把握できる人」

　　仕事で困っても周囲に助け舟を出してもらうことはできるでしょう。ただ、出来る事と出来ない事を把握していないとその２つの境目が分からなくなり、周囲に頼ってしまいがちになります。結果、他力本願の仕事スタイルが定着し出来る事がなかなか増えません。従って、出来る事と出来ない事を把握しておけば、「出来る事は自分で工夫して、更にレベルアップする」「出来ない事は周囲のサポートを得ながら、出来るようになる」といったように使い分けることができ、伸びていくのです。

### 2 「小さい目標に向かって取り組める人」

　　人は仕事経験を通して成長します。ただ、最近どの仕事も複雑化・高度化してきており、仕事ができるようになる

には一昔前より、時間がかかります。そこで、小さい目標をたてて、そこに向かって取り組む必要があります。初めから大きい目標を掲げると、なかなか達成感も得られないですが、小さい目標を掲げ、小さい達成を繰り返していけば、自信を持つことができ、出来る事も増えていきます。

　野球に例えると、攻撃の最終目標は得点を入れることですが、まずは「塁に出る」という小さな目標を設定して、「塁に出ること」「進塁すること」を繰り返すといった具合です。

　仕事においても、

　「今日ははじめての訪問だから、笑顔で話すことを目標
　　にしよう」

　「2回目の訪問は、家族のことを一つでも聞ければ、目
　　標達成だ」

　このように小さな目標に向かって取り組める人が伸びるのです。


### 3「"すべき"ではなく、"したい"の視点を持てる人」

　仕事は「しなければいけない」「すべきである」といった"すべき"で捉えると楽しくありません。楽しくないと効率も落ち、成長しにくいため、いかに仕事に対し、"したい"という視点を持てるかが重要です。

　以前、私の部下にとても人あたりがよい若手行員Ａさ

んがいました。しかし、Ａさんは、最初は取引先に可愛がられるものの、財務分析等の知識やお客様のニーズを把握するスキル等がないことから、時が経つと信用を失ってしまう行員でした。つまり、人は良いのですが、伸び悩んでいる行員だったのです。その原因の１つは勉強に興味を持てず、勉強が苦手なことでした。

そこで私は「Ａさんも自分の得意分野なら興味をもって勉強するかもしれない」と思い、"コミュニケーションなどの対人関係能力"を勉強するようＡさんに提案しました。その際、Ａさんには「なぜ、自分が人あたりがよいと言われるのかを理論的に説明できるようになることを勉強目標にしてはどうか」という言葉を添え、心理学の本をプレゼントしました。

Ａさんは、その勉強には興味を持てたようです。今まで無意識だった行動が心理学に裏付けされた技術だったことを知り、さらに新しい技術も身につけていきました。勉強すると出来ることが増えると実感でき、これをきっかけにして、これまでの勉強"すべき"という視点から勉強"したい"という視点を持つようになりました。また、これまで目もくれなかった財務や法務といった勉強も"したい"と思うようになり、今では自走する優秀な営業担当者に成長しています。

## 4 「どのような経験であっても必ず何か得られる人」

　私たちは、日々様々な経験をしています。様々な経験の中で得られるものは、一人ひとり大きく異なります。仮に周囲と同じような経験をしていたとしても、得られるものは人によって大きく異なるのです。ただ、伸びる人は、どのような経験であっても必ず何か得られる人だと思います。

　例えば、伸びる人は、あまり興味のない研修であったとしても、「これはあの仕事で使えそうだな」「これを後輩のBさんに伝えてあげよう」といった具合に何か1つでも得て帰ります。かたや、伸びない人は、「面白くないな」「時間がもったいないな」といった具合に、不満で終わってしまうだけです。

　伸びる人は、お昼休憩で入った定食屋さんからも何か一つ得て帰ります。「お水の中にレモンを入れておくとフレッシュになるな。イタリアンレストランのB社長に話してみよう」といった具合です。このように、どのような経験であっても何か一つ得られるかどうかで、伸びる速度が大きく変わるのです。

## 論理的思考力は一生の武器になる

「恋愛マスターは、論理的思考力を武器にしている」

「相手に動いてもらうためには、論理的思考力が必要である」

これは、某有名大学において「大学生が高校生に論理的思考力を教える」授業の中で、ある大学生が高校生に説明していた内容です。的を射ている説明だと思います。

その大学生が高校生に説明していた論理的思考力のポイントは3つあります。

①　目的をおさえる

②　問題・仕組みのメカニズムを捉える

③「要は（要約・まとめる）」「例えば（例示）」「なぜなら（根拠）」を使う

さらに、その大学生はこの3つのポイントを次のような例を使って説明していました。

Cさん（女性）はDさん（男性）のことを恋愛対象として好きだとします。Cさんは、何とかDさんとのデートにこぎつけることができました。Cさんが恋愛マスターなら、

次のような論理的思考力を駆使します。

①　目的をおさえる
　　「デートでDさんに告白し、Dさんと付き合う」

②　問題・仕組みのメカニズム・構造を捉える
　　Dさんに付き合ってもらうために、どのような準備が必要なのか構造化する。例えば、「話題・内容」「身だしなみ」「シチュエーション」など。

③　どのような準備が必要なのか具体例をあげ、分類する
　　やるべき準備を思いつく限り上げ、②で構造化したカテゴリ（「話題・内容」など）に分類する。例えば、『「Dさんの趣味の映画について調べる」だったら、「話題・内容」に分類する』など。

　　仕事、プライベートに関わらず、相手に動いてもらう場面は多くありますので、論理的思考力は大いに役立ちます。論理的思考力は幾度となくあなたを助けてくれる一生の武器になるはずです。

──論理的思考力を身に付けるためにはどんなトレーニングをすべきでしょう？
若手へのアドバイスも含めて教えてください。

　　まずは、読書から始めてみてはいかがでしょうか。読書は、様々な知識を身に付けるだけでなく理解力・読解力を磨くことができます。理解力・読解力がないと、物事の要点が掴めないですし、問題・内容を正しく把握することができません。そうなると、論理的思考力を駆使しようがありません。「そんなこと？」と思われるかもしれませんが、案外、理解力・読解力が課題である若手が多いように感じます。実は私も社会人２年目の頃、理解力・読解力が課題だと気づき、学生時代にほとんどしなかった読書をするようになりました。それ以降、毎月２〜３冊の本を読んでいます。ただし、本を読むだけでは理解力・読解力は磨かれません。「本から何を学んだか」「どう仕事に活かすか」まとめることで理解力・読解力を磨くことができます。ぜひ興味の持てそうな本で構いませんので、読書をおススメします。興味の持てる本がないという方には、私が若手の皆様におススメしている書籍の一部を紹介させていただきます。

① 90日間でトップセールマンになれる最強の営業術

　　東洋経済新報社　野部剛（著）

　　コンサルティングに通じる営業のプロセスが簡潔に書かれており、読みやすい書籍です。


② 働くひとのためのキャリア・デザイン

　　PHP研究所　金井壽宏（著）

　　自分のキャリアをどうデザインしていけば良いのか考えるきっかけになります。


③ LIFE SHIFT（ライフ・シフト）100年時代の人生戦略

　　東洋経済新報社　リンダ・グラットン、アンドリュー・スコット（著）


　　日本で人生100年時代という言葉が使われるようになるきっかけとなった書籍で、金融機関で働く人は必読だと思います。


　　最後に、若手の皆様へアドバイスさせていただきます。20〜30代は自分自身の可能性を広げる時期だと思います。仮にやりたい事が明確になっていなくても、出来る事を増やすことはできます。出来る事が増えれば、やりたい事が明確になることもあります。また、目の前の仕事を"すべ

き"ではなく、"したい"と思うにはどうすれば良いのか考えてみましょう。自分について考える、向き合うということは、未来の自分に期待することだと思います。ぜひ、自分がより活き活きできるよう、自分と向き合いましょう。

# 「経験に基づく独自の評価軸を作る」

関西地方信用金庫　リテール統括部　課長　山下明宏氏

　山下氏は入庫後3年間、預金や融資業務のバッグヤード業務に従事。その後法人営業を10年担当し、現在は個人のお客様を対象する営業統括を行う。担当先の社長から支店長ではなく山下君の意見を聞きたいと言われるほど信頼されていた法人営業時代に、融資先にどんな関わり方をしていたかを中心に取材しました


## お客様に相見積もりを取らせない

　そもそもお客様（≒父親世代）は、社会人3〜4年目の若造（≒自分の子供と同世代）に頭を下げてお金を借りたくありません。私が担当した地区では、50年以上続く製造業が多く、社長歴が当時の私の年齢を超えている会社も多くあります。にも関わらず新参担当者がいきなり現れて、「資金ニーズがありますよね」「社長に提案があります」「コンサルティングが……」と言われても心に響くわけもありません。会社を守っているというプライドを最大限尊重するのが、社長という個人のための行動です。

　そこで私は社長に貸してくださいと言わせない営業を心掛けました。資金ニーズがもしあれば事前に稟議を取って

から面談し、「社内で話を通してあるので、使っていただけないですか？」とあくまで社長が借りてあげる立場になれるよう立ち回ります。

　当時は、ほとんど他行に相見積りも取らず即決してくれていました。各金融機関の貸出金利は変わってもせいぜい0.数％です。支払利息で考えると数万円しか変わりません。そうならば気持ちよく借りれる先から、融資を受けたいと思うのは必然です。

## 自分理論に照らして具体的な数字を見せる

──ほかの金融機関に相見積りを取らせない営業手法は、営業担当皆さんが知りたいはずです。もっと詳しく教えてください。

　お客様のプライドに気を配るほかには、日経新聞は読んでいるのが当たり前ですが新聞の話はしないようにしていました。お互いに読んでいるのは当たり前です。お客様は新聞に載っていない情報がほしいのです。

　お客様は、同業他社の状況や為替が他社の値付けや売上にどんな影響が出ているか・自分の業界に関係する新しい補助金制度、労務に関する情報等の生の情報を欲しがっています。特に労務の話は、社長にとって周りに相談しにくい話題です。他社と比べて自社が働きやすい環境になっているのか、給与水準は低すぎないか等は、意外と関心の高い話題です。もちろん他社の状況をそのままを伝えられないので、自分なりに数字を理解し抽象化してから伝えます。

　その評価軸として**自分理論**を作るのは重要です。自分理論をもう少し具体的に表すと、テキストや新聞、世間で言われている一般的な評価基準ではなく、自分の目で見て感じた評価基準というイメージです。

　非常に単純化した例をあげましょう。
　月収70万円という目標を達成した美容室オーナーがいます。
　座席数が6。常勤スタッフが3名。アルバイトスタッフが2名いて、一人当たりの客単価は5,000円です。人件費を含めた経費は月250万円ほど（自身の報酬も含む）です。毎月25日稼働するとして1日平均およそ13～14名の

顧客獲得が必要で、実現しているとしましょう。これは良い状態ですね。

　では次に、夫婦で小料理屋を営むお客様に応用してみます。座席数はカウンターとテーブル席2つを合わせて12席。アルバイトは雇っていなく、稼働は月25日ほど。夫婦で月70万円ほどの収入を目指している。メニューの原価率は35％程度で、客単価は4,000円です。実はこれは悪い状態です。

　この2社には多くの共通点がありますが、客単価に注目してみると美容室よりも悪いです。席数が美容院の平均来客数とほぼ同じなので、4,000円では、月70万円という目標の達成は困難です。店が毎日満員になるなら、客単価は美容室と同じ5,000円程度を目指すべきです。平日の客入りが少ないと仮定するなら、客単価を7,000円に引き上げるか、ランチ営業で足りない分（約20万円・1,000円×10人×20日）を補えないかと考えられます。

　こうした評価軸を元に、上手くいっている会社様は、平均単価は5,000円程度を目指していますよ。4,000円では足りないので、何か方法を考えましょう。たとえばある会社では、7,000円と4,000円に分けて考えいます。こうした情報が、生きた情報だと私は思います。

自分理論は、経験や勉強によって得た知識の集積です。もちろん経験だけで作り上げるものはなく、日々の学習・情報収集が必須です。ただ最も大切なのは、一つの事例から多くのことを学ぶことです。1つの仕事から「10」学べる人と「1」しか学べない人では、成長のスピードは大きく変わります。

## あの会社が今でも残っているのが本当にうれしい

　印象に残っている融資先は、引き継いだ時には破綻懸念先として追加支援もできない状態だったプレス加工業のA社です。社長とその一族、社員と担当税理士まで巻き込んで一致団結して業績を立て直しました。

　A社はリーマンショックの煽りを受け非常に厳しい環境の下、社長ですら手取り20万円、その家族は15〜17万円程度まで切り詰めて必死に会社を存続させていましたが、限界も近く風前の灯火と言える経営状況でした。ただ私は、A社から必ず立ち直るという気迫と熱意を感じたため、これまで以上に本気で支援すると決意しました。会うたびに喧嘩に近い議論を重ね、150を超える商品毎に損益をそれぞれ計算し、赤字商品に関しては取引停止も覚悟した価格交渉に臨んでもらいました。

　当初は、値上げ交渉はできないと言っていた社長に対

し、「安いだけが取り柄だから、値上げすると取引停止されてしまうんですね」と失礼ながら煽ったこともあります。

ただ低い返品率に裏付けられた確かな技術力と、納期は絶対に守るという仕事ぶりが評価されていたことも相まって、覚悟を決めた交渉は次々に成功し黒字化。代が変わった今でもその会社は元気に存続しているそうです。A社の社長は、人が良すぎるほどいい人でした。あの会社が今でも残っているのが本当にうれしいです。

## 若手行員にメッセージをお願いします

金融機関はそのサービスの性質上、同じ会社を同じ人が担当し続けることは許されません。常に担当者は金融機関側が決めます。だからこそ前任者から自分に担当が代わって質が落ちたと思われたくありませんでした。そして若手の皆さんにもその意識は持ってほしいです。お客様が選べないからこそ、あなたで良かったと思わせる義務があります。

私は、営業職に向かない人はいないと思っています。ただ100人いれば100人にあった営業方法があり、優秀な誰かの方法が絶対的正解ではありません。是非自分なりの営業方法を見つけてください。

# 「創業や事業拡大を総合的に支援する」

巣鴨信用金庫　すがも事業創造センター　上杉正信氏

　上杉氏は、すがも事業創造センター（以下S-biz）に所属している。S-bizは20名ほどの部署であるが、230件の経営改善サポートを行い、その10倍以上の2400件もの各種相談が舞い込む。中小企業経営者にこれだけ支持されている理由と取り組みについて紹介します。

## 無料で充実のビジネスサポート

### ——S-bizの事業内容を教えてください。

　創業を考えている方や事業拡大を考えているお客様に対して、主に5つの分野（①ビジネス②個人③海外向け（アウトバウンド・インバウンド）④補助金等の活用⑤知財・産学連携）におけるサポートを無料で行っています。「無料でここまでやってくれるの？」と驚かれるお客様もいますが、最初から儲けばかりを追い求めるのではなく、お客様の夢の実現をお手伝いして、その先にビジネスチャンスがあると考えています。

146

—— 「夢の実現のお手伝い」について最近の事例をお聞かせください。

　それでは先日私が、飛び込みでお邪魔してお申し込みいただいたお客様の事例をお話しします。この方はお一人で10年以上、スポーツ用品の輸入販売事業をWEB上で展開していました。この度2020年の東京オリンピック開催による需要増を見据え、実店舗を構え小売業としても営業展開していくことを決意しました。

　しかし実店舗を運営した経験がなく商品展開や宣伝等で悩まれているということで、S-bizの経営改善サポートにお申し込みいただきました。お客様は「小売店として成功させて、そこで得た資金を利用して、スポーツジムを開くのが夢」と話しています。その実現に向けて、できる限りのお手伝いとアドバイスを提供させていただきます。

—— 具体的にはどんなお手伝いやアドバイスをしているのでしょうか？

　店舗を構えると今までなかった問題が発生します。例えば、営業活動で他社や学校に出向く際は、留守番が必要です。そこで人員の確保やその方法、もしくは定休日を設定して対応する等の方策を一緒に検討しています。

またWEB上ではSEO対策が主な集客方法になりますが、実店舗では方法が異なります。ただでさえお店を開くにはお金がかかりますので、広告宣伝費はあまり出せません。そこで広告等にも利用できる補助金である小規模事業者持続化補助金の申請をご提案しました。

──こういったサービスが無料で受けられるとたしかに驚かれるかもしれませんね。
・・・・・・・・・・・・・・・・・・・・・・・・・・・・・・・・・・・・・・・・・・・・・

　そうですね。それと同時に金融機関は敷居が高く、融資や投資といった相談しかできないと思っていたけど、「経営に関する具体的な相談もできるなんて」と驚かれる方もいます。

## 事業承継と相続対策をワンストップで提供

──S-bizのサービスに「個人」というのがありますがこれはどんな意味があるのでしょうか？
・・・・・・・・・・・・・・・・・・・・・・・・・・・・・・・・・・・・・・・・・・・・・

　とある建設会社の事例が良い例ですので紹介します。建設業界は今、人手不足が課題になっているためそのソリューション提案のために、建設会社（未上場）にお伺いしたところ、自社株を100％保有している経営者がご病

気で倒れてしまい、緊急で事業の承継が必要と分かりました。そこで後継者である息子様に株式の譲渡しようとしましたが、株の時価総額が高く、税務上とても単純に承継させることはできません。

　そこで、元経営者に多額の退職金を支払うことで、会社の営業利益を一時的に赤字にして株価を下げ、そのタイミングで事業承継することで税務上の問題を解決しました。

**──それと個人のサービスにはどんな関係が？**

　多額の退職金を支払ってしまったので、相続税の問題が発生してしまいました。そこで経営者個人の相続問題に対しても、適宜アドバイスをさせていただいております。中小企業の事業承継は、経営者の資産活用や相続と深く関わるケースも多いです。だからこそ、ビジネスサポートと並行して個人のサポートも必要になります。

## 勉強は仕事のためではない

——最後に、１〜３年目の若手社員へメッセージをください。
上杉様と同じ創業支援の仕事がしたいと思っている方にア
ドバイスもお願いします。

　まず、知識の拡充、勉強を頑張ってください。でも業務
のためだけに勉強するわけではありません。金融機関の業
務で必要となる知識は、自身のライフプランニングを考え
る際にも大いに役立ちます。結婚・子育て・マイホーム購
入・相続や老後生活など、全部自分の人生に関係あるテー
マですよね。そして努力を積み重ねて勉強をすればするほ
ど、業務の幅は広がり、やりがいも増え、それが糧となり
自身の人生に良い影響を与えてくれます。

——具体的にはどんな勉強がおすすめですか？

　新聞を読んでください。私は日経新聞を最初から最後ま
で全部読んでいます。金融・社会・経済・国際・スポーツ
と色々な情報をいっぺんに収集できる新聞はとても便利で
す。皆さんは金融面と社会面からはじめてみましょう。慣
れてきたら少しずつ読む範囲を広げてみるといいでしょ
う。

加えて色々な人と話しましょう。特に信用金庫は、地域密着の金融機関。直接お客様と対話して得られる情報が最大の武器となります。

　普段は挨拶だけで終わってしまうお客様はいませんか？　話したことのない先輩や上司はいませんか？　そういった人と積極的にコミュニケーションを取るのも大切な勉強です。

# 「地域社会の持続的成長に貢献」

第一勧業信用組合　連携企画推進部　松本　碧氏

　第一勧業信用組合は、2018年9月にかんしん「SDGs」宣言を発表しました。その特徴的な取り組みのひとつとして、ソーシャルビジネスの支援があります。松本氏はその最前線で活躍されています。

## 経営方針の中核にSDGsを据える

### ——かんしん「SDGs」宣言とはなんですか？

　まずSDGsとは、国連サミットで採択された「持続可能な開発のための2030アジェンダ」の中で記載された国際目標です。貧困をなくす　飢餓をゼロにする　ジェンダー平等を実現するといった17の大きな目標、そしてそれらの目標を実現するために必要な169の小目標から構成されています。

　当組合は、そのSDGsを経営方針の中核に位置付け、実現のために具体的な取り組みを通じて地域社会の持続的成長に努めていくことを宣言しています。それが、かんしん「SDGs」宣言です。

──その「具体的な取り組み」について教えてください

．．．．．．．．．．．．．．．．．．．．．．．．．．．．．．．．．．．．．．．．．．．．．．．．．．．．

　SDGsの17項目でも最初に「貧困をなくそう」とあるように、当組合は地域社会の課題解決を図るべくソーシャルビジネスの支援を開始し、その一環として、プロパーの融資商品「ソーシャルビジネス応援ローン」や、日本政策金融公庫との協調融資商品「コラボソーシャルサポート」などのソーシャルビジネス専用商品を創設しました。

　私の所属する連携企画推進部では、現在「ソーシャルビジネス」における連携に力を入れています。

　ソーシャルビジネスの分野では、事業や活動の成果として生じた社会的、環境的なアウトカムである「社会的インパクト」を評価します。この社会的インパクト評価を行うためには、専門的知見や技能が必要です。融資を含めた金融機関としての支援をするためにも、知見あるNPO法人や公益団体などの人脈を広げ、私たち自身がノウハウを学び、そうした方々と一緒になって支援に取組むことが大切だと考えています。

ちょうど現在、「東京ソーシャルビジネス・アクセラレーター」というソーシャルビジネスを支援するプログラムが進行しています。（2019年11月末現在）

このプログラムでは書類選考・面談選考・コンテスト選考を経て選ばれた５団体に対し、３か月間の集中的なメンタリングを行います。メンタリング終了後には、その事業実現化への成果を発表、自立化を目指します。現在は、専門家を迎え持続可能なビジネスとして自走できるよう具体的な事業計画を一緒に練っている、メンタリングの最中です。

### ──選ばれた５団体は、どのような団体ですか？

すべてが社会的に重要な課題を解決するために熱心に取組まれている事業者の方々です。ぜひとも５団体すべてをご紹介したいのですが、今回は紙面の関係もあるとのことで一般社団法人ファストエイドについてお話しさせていただきますね。

実は日本国内で年間７万人以上の人が、突然の心停止で亡くなっています。心停止の状態では、何もしないと１分

毎に救命率が10％下がると言われています。すぐにCPR（心肺蘇生）を始めて救急隊に引き継ぐまで続けることができれば救命率の低下を抑えることができますが、それができていない場合が多く、日本では目撃のある心停止での救命率が９％しかありません。

そこでファストエイドは、１セット300円程度のシートとペットボトルだけで 手軽にCPRの訓練ができる「CPRトレーニングボトル」を普及させたいと考えています。CPRのやり方は誰でも簡単に覚えることができます。アメリカのシアトル市では心停止に対して９割のCPR実施率があり、救命率も60％にも達しているそうです。

最近では、横浜・Ｆマリノスや神奈川県と協働しCPRを啓発する「＃命つなぐアクション」という活動を行っています。CPRのリズムに適した１分間に100～120回のビートのヒット曲が流れる中で正しくCPRするとLEDが発光し、楽しくCPR訓練できるという斬新なブースを設置したところ、１日のCPR訓練体験者数は既存の方法の約17倍の260名にのぼりました。

## ——これからのソーシャルビジネスの展望について

近年、内閣府によれば、ソーシャルビジネス事業者は20万社以上にのぼり、その種類も年々多様化しています。収益性のあるソーシャルビジネスにはメガバンクなどの銀行は支援しますが、一方で、社会性はあるけれど、収益性はあまり無い事業者に対しては難しいのが現実です。しかし、誰かが手を差し伸べなければなりません。

SDGsの一丁目一番地でもあるそうしたソーシャルビジネスの支援を、地域のコミュニティバンクである私たち、そして日本中の地域金融機関が積極的に取組み、持続可能な社会を築いていけたら嬉しいです。

## 沢山の経験とちょっとしたキッカケ

## ——最後に、新入行員や若手行員にアドバイスをメッセージください。

入組当時は、正直、目の前の業務におわれて「お客様のため」「地域のため」と考える余裕もありませんでした。しかし、その中でも、「いま自分ができることを一生懸命やること」を心掛けてきました。

そんな折、業界誌にテラー業務のエピソードを寄稿させ

ていただく機会があり、それがきっかけで広報を担当する経営企画部へ異動となりました。今思うと、それまでの経験があったからこそ書くことができた文章ですし、元々文章を書くことも好きだったので好きな業務ができる環境に恵まれ感謝しています。

そして現在の連携企画推進部では、地域を越え日本の社会的課題に取り組んでいる方や、地方の方々との出会いがあります。そうした方々のお話を伺い、得た知識や考え方は自分自身の視野を広げる貴重な機会になりました。

若い皆さんには、出会いや経験は、「自分自身の視野が広がる楽しさがある」と思って、挑戦や学びの心を大切にしてほしいですね。


実際、私自身、物事に対して「こうでなければならない」という考え方でしたが、視野が広がることで「こういう考え方もあるんだ」と思えるようになり、それは職場のみならず、家族や友人との間でも考え方に変化が表れたと感じています。

金融機関は多くの経験が積める業種です。多くの人とお会いしてお話を伺うことや、日々の経験の積み重ねは、すべて振り返ったときに人間としての成長に繋がっているのかなと思います。

大げさかもしれませんが、一人ひとりのそうした成長は、そのまま「会社の成長」へと繋がるのではないでしょうか。

　私自身も初心にかえり、「どんな人からも学ぼうという謙虚な姿勢」で日々の業務に向き合い、若い皆さんと一緒に、楽しく充実した働き方をしていきたいなと思っています。

# 「効率的に泥臭く汗をかく」

メガバンク　個人業務課　太田氏（仮名）

太田氏は、個人の預かり資産営業を担当しており、都内支店・栃木県内の支店を経て千葉県内の支店に勤めている。新卒で入社してからずっと個人業務課に配属されており、初年度から優秀な成績を収め、社内外の評価も高い。営業で心掛けていることなどを中心に具体的な営業手法について取材しました。

## アポ取りが8割

現在太田氏は、1,200名（一般的な営業担当は700名ほどですが、営業成績が優秀なため多く振り分けられている）の顧客リストの中から任意の顧客に電話等でアポイントを取り、商品の購入やサービス利用を推進しています。

太田氏は「お客様は営業されると分かっていて時間を割いてくれているので、アポイントさえ取れてしまえばなんとかなる。アポ取りが仕事の8割のつもりでいる」と話します。そして考慮すべきは誰にアポイントを取るかです。太田氏は1日3件の訪問を中心に、5件程度まで増えることがあるそうです。1件の訪問時間は、60〜90分。もちろん重要度に応じて、頻繁に訪問する先もあるため1,200件すべてにアプローチするわけではありません。

159

アプローチ先は慎重に資産残高や他社の預かり資産等の状況等で決めていきます。重要視しているお客様は、基準は預金が1,000万円以上ある人でかつ投資経験がある人です。預金で1,000万円以上ある人は、証券会社や他社の金融資産、不動産などを合計して億を超える資産を持っている人も少なくありません。資産が多い人は、情報の重要度を分かっているため「情報提供」を提案すればアポイントも取りやすく話も真面目に聞いてくれる人が多いそうです。

太田氏は「ドアノックツール」と呼んでいますが、電話等で「税制改正大綱の要点」「生命保険料控除について」「米国大統領選挙やそれに伴う統計学的な相場変動について」という情報提供をするという名目でアポイントを取ります。ポイントは、日経新聞やプレジデント・ダイヤモンドなどの自社以外の情報やデータを基に情報提供をすることだそうです。情報提供は客観的で第三者のデータを使うと効果的。だからこそ、日ごとの情報収集は欠かせません。

## 税を武器にアプローチ

太田氏は8年目になる今年FP1級を取得しました。きっかけは税という言葉のインパクトに気付いたことだそう。アドバイスに信頼性を持たせるために資格は大いに役立っているそうです。

税のアプローチから取引深耕に繋がった事例のひとつに海外不動産を活用した事例として次のようなスキームを紹介してくれました。

　日本の不動産の場合減価償却しない土地が不動産の価値の大半を占めますが、米国は建物の価値を重視しています。そのため中古物件を購入し、損金を計上その後4年間に渡って減価償却を活用することでさらに支払う税金を減らすスキームがあります。2020年の税制改正大綱によって規制されると盛り込まれていますが、富裕層にはこうした一般的にはあまり知られていないスキームが刺さるといいます。

## 地道な訪問で信頼を掴んだ

　メガバンクという強みを生かし、強力な顧客リストを使って効率的に営業活動をしているようにみえますが、汗かく営業を強みにしているのが太田氏の特徴です。歴代の前任者が諦めていた中核病院の医院長のもとに、足繁く通いインターフォン越しの挨拶を重ねて、ついには大型の契約に結び付いた事例を紹介してくれました。

　75歳を過ぎ体調も良好とは言えなくなってきたにも関わらず、4～5億円もの資産の相続について何も検討せず非常に危険な状態だったお客様に対し、「公正証書遺言の作成」「相続税の変更点説明」「生命保険料を使った相続対策」といった様々

なアプローチを定期的に続け、数カ月をかけてようやく奥様とのアポイント取りに成功しました。銀行にあまりいい印象を持っていなかったようですが、太田氏の熱意が伝わり、総合的な相続対策・資産運用・土地活用を任されるようになったそうです。さらには、同じく医者をしている娘さんも紹介してもらい、今では2世帯に渡るコンサルティングを担っています。ガードが堅いお客様は、他の銀行も落とせていないブルーオーシャンかもしれません。ヘコたれず、継続的なフォローを続けるのも大切ですと話してくれました。

## 日経新聞の国際面とマーケット面が読めるように

――情報収集はどれぐらいの時間をかけて、何をしていますか？

　うちの会社は、営業担当向けに本部から様々な資料が渡されます。それを読み込んでいって、使えそうなネタを探すのが40分ぐらいです。上手くまとまっているので一番効率の良い情報収集になっています。そのほか、日経新聞も読むようにしてますね。新聞＋その他勉強のために、朝の30分と仕事終わりに60～90分ぐらい時間を割くようにしています。「昨日の日経新聞の記事にもありましたね！」と言えるかどうかは、特に富裕層を担当しているなら重要です。

その他、国税庁のHPや相場に関しては、225225.jpという WEBサイトを見て情報を集めています。

## ——新入行員や若手の方がこれだけは実践したほうがいいということはありますか?

日経新聞の国際面とマーケット面を読むことです。特に重要なのは国際面です。海外の事情はお客様の関心が高いにも関わらず、情報収集が難しい分野です。特にアメリカ・ヨーロッパなどの先進国の事情に詳しくなっておくと営業時にとても役に立ちます。マーケット面では、個別銘柄の値動きの解説があります。どんな要因で株価が動くのかがよく分かるので、証券関連の仕事をしているか否かに関わらず、読んでみるといいでしょう。

担当編集から一言

取材中に太田氏にお客様から電話がかかってきました。投資信託の一部を解約したいという相談の電話でしたが、日本の市況、海外の市況、米国大統領選の話題や統計データ等の数字を駆使して、今はその時期ではないと説得し、ご納得いただいたようでした。

その時感じたのは、具体的な数字を使って話す話力の高さで

す。

　お客様が**15,000円代**のときに購入し、既に**18,000円代半**ばまできている、米中貿易戦争の出口が見えてきており、一部であるが追加関税が半分の**7.5%**まで落ちたため、今後**1〜2か月**ほどでさらに良い影響がでると予想できる。そのため、解約はいまではない。**20,000円**をぜひ目指させてください。と、理由や目標を明確な数字にして話していました。こうした数字を使いこなす力も日々の学習の賜物といえるのでしょう。

# あとがき

株式会社リフレ　代表取締役　細矢進

## 金融営業の成功の条件とコツ

## 1.「真面目に話をする場づくり」

　金融機関と取引をすることは、服や車など目に見えるモノを売っている営業との接点とは、大きく違ってきます。ある意味で目に見えない「ブランドと信用」を売っている商売なのです。だからこそ。この仕事の難しさがあるともいえるのです。

　お金を借りる、運用商品に投資をする、事業承継や相続対策の相談をすることは、現状の取引している金融機関との関係もありますし、個人であれば家族や今後の生活設計のこともあります。経営者であれば従業員や取引先との関係もありますから、そのような判断をする場合には、相応の「覚悟」を決めてやるものです。金融機関との関係は、個人であればライフプランに直結する、経営者にとっては事業を左右することに直結する、いわば命をつなぐ血液であるお金の話になってくるわけです。

　従って金融機関との関係は、中途半端な気持ちではできないわけです。真剣に正面を向いて真面目に話をする必要がある

のです。「お願いをして取引ができるほど安易な話ではない、右から左に簡単に取引できるほど甘い仕事ではない」ことを、しっかりと認識をして相応の覚悟を持って、お客様と向き合う場を持つことが重要であるといえます。

　具体的には、豊富な知識や上手なコミュニケーション力も大事ですが、決して無理をする必要はなく、現状の身の丈に合った自然体の自分自身を持って、愚直な姿勢で「何をすれば、お客様の役に立てるのか」を教えていただくことこそが肝要であると心してください。

## ２．「具体的に聴く」

　関係構築や案件を引き出すためには、真面目に話をする場をつくったうえで、さらに２点の条件があります。

　一つ目は、その場でどれだけ「具体的な質問ができるか」その準備は絶対条件です。雑談の時には、お客様は相応に話をしてくれていたが、肝心な話をしようとした途端に「はぐらかされたり、逃げられたり」するケースがよく営業の世界ではあります。

　この営業というのは「最初からセールスの臭いしかしない営業」が考えられます。お客様は敏感に感じていますから、最初から距離を置いているか、逃げる準備をしているのが普通です。もしくは「話が全て漠然、曖昧」な場合が考えられます。これほど対応し易い営業はありません。漠然曖昧な話には、漠

然曖昧に話をすれば済みますから、ある意味でいくらでも逃げられるのです。その時に逃がさない方法は「真面目に真剣に、具体的な事を聴く」ことです。この行為そのものが「遊びで来ているのではないので、ちゃんと話をしましょう」というメッセージの発信になるのです。

　従って具体的に質問できるだけの準備は必要です。

## 3．「教えを乞う」

　またお客様と話をする時は、必ず「教えを乞う姿勢」だけは堅持することです。金融機関の人間は、職業柄や企業ブランドの関係で、何となく「恥はかけない」という心理が働き、往々にして「知ったかぶりしたり、カッコつけたり」お客様の話を本当は理解できていないのに「解った様な振り」をしてしまうことがあります。これはお客様からすると、異常に期待値が上がってしまったりします。しかし更に踏み込んで話をしてみて「なんだ、よく解ってないじゃないか」となると、想像以上に落胆して不信感を抱くものです。またお客様によっては「解ったふりをしているな」と見透かされてしまうこともあります。

　所詮、何十年人生経験を積んでいる大先輩や、実際の会社を苦労して何年も経営している社長に、まともに立ち向かってもかなうはずはないのです。人生や事業・経営のことは、お客様に教えてもらう以外のないのです。

　素直に教えを乞う姿勢こそが、自分の身を守ることでもあ

り、自然な関係構築をする前提条件になると心するべきです。

　同時に教えてもらう時に「何をすれば役に立てるだろう」の追求も常に忘れてはいけません。何のために話をするのか、当然、金融機関としてお客様の課題に、どの様なソリューションが提供出来て、強固な取引関係を構築できるかを目的としているのです。

　そして「あなたに会えて良かったよ！」と、お客様に言ってもらえるような仕事を続けていけることは、金融機関営業として最高の名誉でもあり「やりがい」に通じてくるとも言えます。

　以上のことを実現させるためにも、本文で説明された「営業の基本」を、よく理解して日々の営業活動で実際に行動に移し実践を積み重ねていくことが、金融営業の成功の条件とコツでもあると心してください。

## 営業の基本が身につく教科書

2020年4月7日　初版第一刷発行

著　者　　(株) リフレ

発行者　　中 野 進 介

発行所　　株式会社 ビジネス教育出版社

〒102-0074　東京都千代田区九段南4-7-13
TEL　03(3221)5361　　FAX　03(3222)7878
E-mail ▶ info@bks.co.jp　　URL ▶ https://www.bks.co.jp

印刷・製本／中央精版印刷株式会社
ブックカバーデザイン／飯田理湖　本文デザイン・DTP／春日友美

乱調・落丁はお取替えします。

ISBN978-4-8283-0794-7